传承教育经典,引领教学风尚。

《小学语文教学》杂志社　编

"十大青年名师"课例

编委会

总 主 编　杨永建
主　　编　杨伟　郭艳红
分册主编　郭艳红　郝波
编　　委　郝波　宋园弟　郝帅　杨壮琴
　　　　　田晟　张艳　刘妍　张茹
　　　　　史慧芳　曹震

山西出版传媒集团　山西教育出版社

图书在版编目（CIP）数据

30位"十大青年名师"课例／《小学语文教学》杂志社编．— 太原：山西教育出版社，2022.2
（小语人丛书）
ISBN 978-7-5703-0505-6

Ⅰ.①3… Ⅱ.①小… Ⅲ.①小学语文课—教案（教育） Ⅳ.①G623.202

中国版本图书馆CIP数据核字（2019）第129322号

30位"十大青年名师"课例
30 WEI "SHI DA QINGNIAN MINGSHI" KELI
《小学语文教学》杂志社／编

出 版 人	李 飞		
选题策划	李梦燕	**责任编辑**	许亚星
复　　审	海晓丽	**终　　审**	李梦燕
装帧设计	薛 菲	**印装监制**	蔡 洁

出版发行	山西出版传媒集团·山西教育出版社
	（地址：太原市水西门街馒头巷7号　电话：0351-4729801　邮编：030002）
印　　装	山西基因包装印刷科技股份有限公司
开　　本	720mm×1020mm　1/16
印　　张	15.5
字　　数	236千字
版　　次	2022年2月第1版　2022年2月山西第1次印刷
书　　号	ISBN 978-7-5703-0505-6
定　　价	49.00元

如发现印装质量问题，影响阅读，请与山西教育出版社联系调换。电话：0351-4729718。

序

《小学语文教学》《小学教学设计》编辑部和全国小学语文名师工作室联合举办的全国小学语文"十大青年名师"评选活动，自2015年开始每年一届，至今已经成功举办六届。"十大青年名师"评选活动引起全国语文教师与教育界同行以及家长们的广泛关注，网络上关注和参与评选的流量从一开始到十万+，逐年上升，直至2021年的千万+，名副其实地成为小语界每年一次的盛会。

"十大青年名师"评选活动评选出来的一批批小语青年名师都是各省市青年教师中的佼佼者，是语文教育领域专业发展的成功者。他们乐于接受新的教学观念，善于学习，勇于改革，敢于创新，是推进小学语文教学改革最有朝气并有着巨大潜力的中坚力量，其中不少已经成为各省市、地区语文学科的带头人。

　　为进一步扩大这批青年名师在学科领域的影响，充分发挥青年名师在学科教学改革中的示范引领作用，《小学语文教学》杂志遴选出十位优秀代表，编选了《青年名师教学研究》丛书，每人编写一本，总结青年名师的成才之路，展示青年名师的教学特色和研究成果。2021年，《小学语文教学》编辑部又从60位青年名师发表的教学设计里精心挑选出30篇教学设计，汇编成这本《30位"十大青年名师"课例》（以下简称"课例"）。这本课例汇集的教学设计，都是"十大青年名师"最近几年在不同场合公开展示并广受好评的课例，都经过课堂教学实践检验，具有操作性和借鉴价值。

　　本书汇聚了当代青年名师的教学特色和教学智慧。青年名师称号前虽冠有"青年"二字，但他们无论是教学思想还是所取得的教学成果，都令人瞩目。比如首届青年名师特级教师蒋军晶，他倡导并推广的"群文阅读"享誉全国，成为当下语文教学改革中颇具影响力的一大流派。这本书中入选的《四季之美》，体现了蒋军晶老师独到的文本解读功力和设计思路。大部分人写《四季之美》都会选择春天百花齐放、夏天绿树成荫、秋天果实累累、冬天万里雪飘。蒋军晶老师教学这篇课文，引导学生比较体会清少纳言描写四季之美独特的选材，没有选择大家觉得美的景物，而是选择自己觉得最美的景物——春天色彩渐变、夏天萤火微闪、秋天万物归巢、冬天身心温暖，然后通过朗读感悟、比较体会等多种方法，领会作者语言之优雅，获得遣词造句的表达经验。第二届青年名师王林波老师，也是近年来崭露头角的教师，是教育部"双名工程"培养对象。他的教学主张是"学习语文，不能仅仅停留在赏析表达方法的层面，一定要走向实践运用"。《太阳》一课的教学设计，先是引导学生发现说明方法，体会表达效果；再创设情境，引导学生表达，旨在学习语言文字运用，引导学生在语言实践过程中提升语言表达能力。

课例紧紧把握当下语文教学改革的脉搏，时代感鲜明。2016年北师大课题组发布了《中国学生发展核心素养》总体框架，2017年高中语文课程标准提出了语文核心素养包括"语言建构与运用""思维发展与提升""审美鉴赏与创造""文化传承与理解"四个方面，使得语文教育进入核心素养时代，成为广大语文教师深度关注的焦点。如何使语文核心素养培养在语文教学中落地，青年名师结合语文课程的性质任务，创造性地进行教学设计，反映出对落实语文素养培养的自觉。上海青年名师朱煜老师在《雪梅》教学设计中，抛出了"'梅''雪'会怎么争论？'梅'会说什么，'雪'会说什么？"让学生化身"梅""雪"，想象它们争春的情景，在对话中入情入景。通过对"三分白""一段香"的理解，教给学生一种诗意的思维方式，将形象思维、直觉思维、情感思维、整体思维、创造性思维协同整合，并且深入体会这首古诗的哲理和趣味。革命传统教材怎么教？这是近年来语文教师特别关注的热点。广东名师彭才华老师设计的《七律·长征》，没有满足于学生的朗读、背诵和理解诗的大意等基本目标，而是把重点放在"走近毛泽东，从多角度感受伟人形象"。在这堂课中，作者呈现了关于长征的书，播放毛泽东长征途中三次落泪的影视片段，引导学生激情诵读毛泽东在长征路上创作的相关诗词——《清平乐·会昌》《忆秦娥·娄山关》《清平乐·六盘山》中的名句，还欣赏了介绍红军长征的影视片段，等等，让学生立体地、全方位地了解长征精神和长征的重要意义，深刻感受伟人的高大形象和崇高精神境界。

课例聚焦当下部编版教材研究的热点问题。2017年全国推广使用教育部统一编写的语文教材，由此催生出不少亟须研究的热点。比如策略单元的课文怎么教？读了天津闫君燕老师的《总也倒不了的老屋》，可以对策略单元的课文怎么教有初步的认识。这堂课聚焦"预测"这一阅读策略：一、揭示课题，初探预测；二、边读边猜，学习预测；三、理清思路，练习预测；四、续编故事，运用预测。从预测的认识到阅读中预测的实践运用，指导学生学习预测的方法，感受预测的好处和乐趣；同时提升了学生阅读的质量，拓展了思维的广度，促进了语言的发展。部编版教材每个单元明确呈现了语文要素，这是一大亮点。在单元课文教学时如何将语文要素落到实处？我们可以从黑龙江省教研员杨修宝设计的《母鸡》一课得到启发。这个单元的语文要素是"体会作家是如何表达对动物的感情的"，杨老师从词语教学开始，根据词语的感情色彩分组出示词语，体会每组词语表达的不同感情；接着又抓住前后矛盾的语句进行对比，感受作者表达情感的方法；然后又巧妙地将这个单元的两篇课文《猫》和《母鸡》进行比较阅读，体会老舍写两种不同的小动物，在思想感情表达上有哪些相同和不同之处。整堂课紧紧围绕单元语文要素进行设计，环环紧扣，层层深入，体现了教师对教材编写意图的深刻认识和自觉。

课例覆盖了低、中、高三个年级段教材中的大部分课型。

呈现的30个教学设计，大部分是语文教师关注的阅读教学课例，也包含了习作教学、语文园地的教学课例。从文体看，涵盖了教材中记叙文、说明文、古诗文、现代儿童诗歌等各种体裁课文的教学方法。比如，诗歌怎么教？江苏省特级教师顾文艳设计的《彩色的梦》，以学生自主学习的方式展开，三小节采用了三种不同的方式：第一小节采用了精读的方式，带着学生感受诗歌的音韵美，并引导学生边读边想象画面；第二节是读一读、说一说；第三节采用师生合作朗读的方式，让学生想象画面后完成板贴；学完课文以后再让学生模仿课文创作一首小诗；最后还推荐了作家高洪波的诗集《我喜欢你，狐狸》，建议喜欢高洪波爷爷诗歌的同学读一读这本诗集。这样设计丰富多样的学习活动，让学生始终保持新鲜感，激发学生的学习热情。

30个教学设计，每篇都呈现出青年名师不同的教学风格和教育智慧，不同年级的语文教师读这本课例集，都可以从不同的角度得到很多教益。

"十大青年名师"尽管都很优秀，尽管已经拥有"名师"的头衔，然而毕竟还是"青年"名师，其中一部分离前辈名师还有相当的距离。从"青年名师"通向"真正的名师"道路是漫长的、艰辛的，这必定是一个不断学习、不断实践、不断研究、不断进取的过程，并且只有为数不多的精通业务、勇于探索又不断进取的杰出者，才能最终发展成为真正的"名师"。有人曾经概括了名师成长的四个条件：第一要有发自内心的对于教育的无比热爱，热爱教育还意味着热爱学生和关怀学生。第二要有对教育事业的执着坚定的献身精神，要进行艰苦而富有创意的劳动。第三要热爱学习。教师专业要求终身学习，投身教育意味着终身学习。第四要注重科研，善于创新。真正的名师是非常重视科学研究的，他们一方面及时运用科学研究的成果于教育教学的实践之中，同时，还要挤出时间直接参与或领导相关的科学研究，尤其是学科教育的研究，刷新学科教育理论。我曾经主编过《中国小学语文名师教学艺术研究》丛书，遴选出九位名师：斯霞、霍懋征、袁瑢、李吉林、丁有宽、于永正、贾志敏、靳家彦、支玉恒。这九位名师标志着中华人民共和国成立以来小学语文教学改革的最高成就。他们在努力开展语文课堂教学实践研究的同时，致力于开展语文教学实验研究，不仅形成了鲜明的教学风格，还留下了十分经典的课堂教学案例和宝贵的语文教学理论或教学主张。

  我们热切期待青年名师能够以更加坚实的步伐行走在通往名师的道路上，通过自身的努力不断超越，再铸辉煌！

上海师范大学　吴忠豪

2021.11.12

目 录

《乌鸦喝水》教学设计 　　　　　　　　　　　　　　　　　许嫣娜_3

《玲玲的画》教学设计 　　　　　　　　　　　　　　　　　付雪莲_9

《中国美食》教学设计 　　　　　　　　　　　　　　　　　陈　静_17

《彩色的梦》教学设计 　　　　　　　　　　　　　　　　　顾文艳_25

《蜘蛛开店》教学设计 　　　　　　　　　　　　　　　　　李　丽_33

《秋天的雨》教学设计 　　　　　　　　　　　　　　　　　陈德兵_43

《那一定会很好》教学设计 　　　　　　　　　　　　　　　杨　波_55

《总也倒不了的老屋》教学设计 　　　　　　　　　　　　　闫君燕_63

《搭船的鸟》教学设计 　　　　　　　　　　　　　　　　　牛筱琼_69

《灰雀》教学设计 　　　　　　　　　　　　　　　　　　　汤　瑾_77

《语文园地》教学设计 　　　　　　　　　　　　　　　　　江海花_85

《火烧云》教学设计 　　　　　　　　　　　　　　　　　　张艳芬_95

谁是世界第一的帽子——《方帽子店》教学设计 　　　　　　鱼利明_105

《走月亮》教学设计 　　　　　　　　　　　　　　　　　　宋　斌_113

《小小"动物园"》习作教学设计 　　　　　　　　　　　　李　虹_121

《雪梅》教学设计	朱 煜	_129
《牛和鹅》教学设计	徐 颖	_135
《出塞》《凉州词》教学设计	张 龙	_141
《凉州词》教学设计	陈雯雯	_149
《母鸡》教学设计	杨修宝	_155
《文言文二则》教学设计	徐 俊	_165
《黄继光》教学设计	曹海永	_175
《宝葫芦的秘密（节选）》教学设计	俞 霞	_181
《将相和》教学设计	谈永康	_189
《太阳》教学设计	王林波	_197
《四季之美》教学设计	郑梨花	_205
《四季之美》教学设计	蒋军晶	_213
拾级而上，读懂长征精神——《七律·长征》教学设计	彭才华	_221
《狼牙山五壮士》教学设计	汪洁琴	_227
《他们那时候多有趣啊》教学设计	李祖文	_235

2015—2016年度
全国小语"十大青年名师"获得者
—— 许嫣娜

　　特级教师。常州市青年语文教师教学研究会理事长。先后被评为全国模范教师，全国教育系统巾帼建功标兵，全国优秀少先队中队辅导员。2008年，获得全国第七届青年教师阅读教学大赛特等奖；2011年获得全国第三届语文教师素养大赛特等奖。

　　她未泯的童心和孩子无邪的童真相映成趣，被学生和家长亲切地称为"糖果老师"。

《乌鸦喝水》教学设计

◆ 许嫣娜

教学目标:

1. 结合图片、字源等,认识"乌、鸦、处、找"等11个生字和反文旁。抓住关键部件和相同结构,会写"只、石"等5个生字。

2. 正确、流利地朗读课文,读出乌鸦心情的变化。

3. 能根据小标题,说出乌鸦喝水的大概过程。懂得遇到困难,应认真思考、积极想办法解决问题的道理。

教学课时:

1课时

教学过程:

一、听句认鸟,看图识字

1. 课堂上飞来一只小鸟,它要来考考大家了,听,谁的耳朵最灵?

听句练习:(1)乌鸦妈妈老了,飞不动了。

(2)小乌鸦找来虫子,喂给妈妈吃。

2. 讨论:你喜欢句中的小乌鸦吗?为什么?

3.(板贴乌鸦的图片)瞧,这就是我们刚才认识的小乌鸦,同学们看,乌鸦长什么样?

(出示生字卡片:乌、鸦)乌鸦长了一身黑黑的羽毛,"乌"字就是"黑"的意思,比"鸟"字少一点。乌鸦是一种鸟,所以"鸦"是鸟字旁。

(板书:乌鸦)谁来和小乌鸦打个招呼?

4. 这堂课,我们要学习一个与乌鸦有关的故事《乌鸦喝水》。在这个故事

中，我们又会认识一只怎样的乌鸦呢？（板书：喝水。生齐读课题）

【设计意图：导入环节是引导一年级学生快速、积极地投入课堂的重要环节。教师借助"小鸟"这一悬念，吸引学生的注意力，并巧妙地将听句、识字、读题三个内容有机地整合在一起，既创设了学习情境，又提高了学生的学习效率。】

二、初读课文，抓字理序

1. 课题是《乌鸦喝水》，一起认识一下"喝"字。喝水要用到嘴巴，所以这个字是口字旁。这个"喝"字在课文中的很多地方都出现了，请同学们去找一找。

2. 布置自学要求：

（1）标上自然段号。

（2）读课文两遍，读准字音，读通句子，难读的句子多读几遍。第一遍读完了，向老师点点头。第二遍读完了，把课本放下，坐端正。

（3）找出课文中带"喝"的词语，用横线画出来。

3. 校对：课文共有3个自然段。

4. 指名学生读课文，一边读一边校对字音。

在交流的过程中找出课文中带"喝"的词语，例如有"找水喝""喝不着""喝着水"。（板贴：找水喝、喝不着、喝着水）

教师引导学生根据板书按照顺序说说课文写了一件什么事。

【设计意图："喝"虽然不是本课的生字，但却是全文的"文眼"所在。教师抓住"喝"的部首指导学生快速、简洁地认字，并根据这个字在课文中组成的短语，帮助学生借助小标题清晰地理清文脉。】

三、细读课文，识字悟理

1. 学习第1自然段。

（1）小乌鸦为什么要喝水啊？（出示：一只乌鸦口渴了，到处找水喝）指导学生正确认读。

区分"喝"和"渴"的部首。这个"渴"字和我们刚才认识的"喝"字长得很像。缺水"渴"，所以是三点水，用嘴"喝"，所以是口字旁。

乌鸦到处找水喝，它飞过了哪些地方？像这样一路飞一路找，就是"到处找"。（出示：处、找）带领学生认字。

（2）它看见了什么？（出示：乌鸦看见一个瓶子，瓶子里有水。但是，瓶子里水不多，瓶口又小，乌鸦喝不着水）指导学生正确认读。

（出示三种瓶子的图片：①瓶口大，水不多。②瓶口小，水很多。③瓶口小，水不多）请学生指认乌鸦找到的是哪一个瓶子。

（3）乌鸦口渴了，好不容易找到水，偏偏喝不着，真是着急啊！（出示：怎么办呢？）如果你是那只乌鸦，你会怎么读这句话呢？你又会做些什么呢？

（出示：办）乌鸦真是着急啊！难怪这个"办"字的两边有两滴汗珠呢！

2. 学习第2、3自然段。

（1）乌鸦有没有想出办法呢？它到底有没有喝到水呢？再读读课文的第2、3自然段。

（2）（出示：乌鸦看见旁边有许多小石子，想出办法来了）指导学生正确认读。

请同学们在瓶子的周围贴上小石子图片，理解"旁边""许多"，认读"旁、许"两个生字。（板书：看见、想出办法）

（3）乌鸦想出了什么办法呢？它是怎么做的呢？（出示：乌鸦把小石子一颗一颗地放进瓶子里。瓶子里的水渐渐升高，乌鸦就喝着水了）指导学生正确认读。

（4）现场实验：请同学们用手指模拟乌鸦的嘴巴，模仿乌鸦的动作，把小石子一颗一颗地放进瓶子里。认读"放进"，学习反文旁。（板书：放石子）

同学们发现瓶子里的水有什么变化？

理解"渐渐"表示慢慢的意思。指导学生用"渐渐"说说生活中的一些变化。借助字源，学习"高"字。点横就是高楼的顶，第一个口是上面的窗户，竖和横折钩是楼房的墙，第二个口是下面的窗户。

（5）就这样，乌鸦喝着水了。我们真为乌鸦高兴啊！请同学们把这两个自然段连起来读一读。

3. 小乌鸦从开始喝不着水，到最后喝着水，你觉得这是一只怎样的乌鸦呢？

【设计意图：指导学生正确、流利地朗读课文是一年级上学期教学的重点。教师把课文朗读放入故事发展的情境之中，引导学生感受乌鸦的心情变化，抓住关键句"怎么办呢？"指导学生有表情地读、表演着读。同时，教师在随文教学的过程中借助多种方法识字，做到字不离词，词不离句。这一核心教学板块实现了"识字"与"故事"的有机结合。】

四、整体感知，巩固生字

1. 小乌鸦很聪明，那学习《乌鸦喝水》的同学们聪明吗？这四组词你都会读了吗？（出示）

口渴了　到处找水喝

一个瓶子　瓶口又小　喝不着水

旁边　有许多　小石子　想出办法来了

放进　渐渐升高　喝着水了

你能借助这些词语说说《乌鸦喝水》的故事吗？

2. 小乌鸦看到的石子背后还藏着生字宝宝呢！一起来认一认吧。

3. 指导书写生字。

（1）出示生字：只、石

同学们仔细观察这两个生字，有什么发现？都带有"口"，书写时要关注不同。"只"是上下结构。口字落中间，撇点对两边。撇点脚要齐，放正才美丽。

"石"的横撇就像大石头的边沿，下面的"口"就像小石块。横短撇要长，竖画起笔竖中线，口字要略扁。

（2）出示生字：多、出

同学们仔细观察这两个生字，有什么发现？上下两部分长得很像，书写时要关注笔顺。"多"分成上下两个"夕"，上面略小，下面略大。"出"的一竖要贯穿整个字，上下差不多大。

【设计意图：一年级的语文课也能训练学生的思维。教师借助词串把课文中出现的生字词自然地分成四个部分，为学生复述故事提供了支架。同时，在写字教学中，教师要注意生字的归类教学，指导学生注意写字的方法。】

2019—2020年度
全国小语"十大青年名师"获得者
——付雪莲

2018年"阅读改变中国"年度点灯人，2019年广东省校园阅读推广人。曾获得2015年广东省教师素养大赛一等奖，2016年广东省小学语文教师教学能力大赛特等奖。曾受教育部委派赴澳门作课程指导，获"优秀指导教师"荣誉。近年来，她致力于儿童阅读推广，提出"拆书十件套""情节可视化""书册课程包"等理念。

颁奖词

小付是个东北姑娘，在辽宁工作了10年，后被教育部派去澳门做指导教师，再后来又通过绿色通道留在了珠海。她读了很多书，也给同行推荐了很多书，她还有个公众号叫"老付拆书"，里面干货满满，获得了全国不少同行的喜爱。2018年，她被评为"阅读改变中国"年度点灯人，她提出的可视化思维工具、"拆书十件套"帮助了很多老师。祝贺她这次又获得了"全国十大青年名师"的荣誉，在未来的路上，希望她再接再厉，取得更好的成绩。

——窦桂梅

《玲玲的画》教学设计

◆付雪莲

教学目标：

1. 用字理、字族、生活识字等方法，随文认读"玲、详、幅、评、奖"等15个生字；会写"画、幅"等10个生字。

2. 能把课文读正确、读通顺，读好长句子。

3. 能用上"地"字短语，讲讲这个故事。

教学重点：

1. 随文认读"玲、详、幅、评、奖"等15个生字。

2. 能把课文读正确、读通顺，读好长句子。

教学难点：

能用上"地"字短语，讲讲这个故事。

教学课时：

2课时

教学过程：

板块一　读题识"玲"，初读课文

一、学"玲"入课

1. 今天，我们来认识一个新的学习伙伴，她的名字叫——玲玲。

（提示：读准后鼻音和轻声）

2. 你猜,"玲玲"是男孩的名字还是女孩的呢?为什么?

(阅读文章找答案——她;根据生活经验推断——认识名字里有"玲"的女孩)

我们还可以通过字的偏旁来推测。

3. "玲"是斜玉旁的字,我们再看看这些斜玉旁的字。(出示词语,生读词语,说发现)

小结:这些斜玉旁的字都跟玉石、珠宝有关,表示那些美好的事物,"玲玲"就是形容玉碰击时发出的声音。所以,家长都喜欢用斜玉旁的"玲"作为女孩的名字。

4. "玲"字的另一个部件"令"还可以帮助我们认识很多字,比如牙齿的多少可以帮我们区分人的年龄……

玲玲同学不仅名字好听,还特别会画画,我们一起来欣赏——《玲玲的画》。

二、初读课文

1. 请同学们自由朗读课文两遍。读准字音,读通句子。

出示要求:

(1)读两遍课文,读懂字音,读通句子。

(2)难读的多读几遍,读完手平放坐好。

2. 如果遇到不认识的字,该怎么办呢?(六问)

问同学;问老师;问父母。

问字典;问拼音;问网络。

生读课文,师指导读书姿势。

【设计意图:从"玲"字入手,激发学生的学习兴趣,引导学生联系生活归类识字。初读课文,引导学生用不同的方法解决朗读中的识字困难。】

板块二 读长句子,读通读顺

玲玲得意地端详着自己画的《我家的一角》。这幅画明天就要参加评奖了。

(生读,注意"详"字读轻声)

【端详】

1. 端详是什么意思？

（1）谁能结合语境表演一下。端详就是仔细地看。那得意地端详呢？（生表演）哦，原来像你这样认真地看，满满的自豪感，就是端详啊！让我们带着这种满满的自豪感读一读吧。（生读第1自然段）

（2）你为什么要得意地端详着自己的画？预设：因为这幅画我画得太好了。

2. 我们结合语境猜测的是对的吗？应该查词典验证一下。

3. 小结：遇到不会的字词，可以结合语境猜测，还可以查阅字典验证。

【幅】

1. 我们一起来欣赏一下这幅画吧。（出示字卡"幅"）

我们来看看它的结构，左右结构，巾字旁，巾字旁表示跟布匹有关。"幅"是指布的宽度，在这里做量词。这就是玲玲画的一幅画。请同学们认真看看这幅画的内容，画中的墙壁上有两幅画，谁来说说，用上"幅"字。

墙上挂着两幅画，一幅是_____，另一幅是_____。

生交流。

2. 这么好的画，玲玲画到很晚。谁来读一读？

【评奖】

师：这幅画明天就要参加评奖了。同学们，你们获得过什么奖？是几等奖呢？（出示字卡"奖"）

"玲玲，时间不早了，快去睡吧！"爸爸又在催她了。

【催】

1. 你的父母催过你吗？是怎么催的？

带着这种催促的语气，全班读读第二句。

2. 请同学们用上下面的句式来说一说。（出示句式）

"时间不早了，_____！"____又在催我了。

水彩笔啪的一声掉到了纸上,把画弄脏了。玲玲伤心地哭了起来。

【啪】

指导学生快速、干脆地读出语气词"啪"。(女生读,男生读)

好多事情并不像我们想象的那么糟。只要肯动脑筋,坏事有时也能变成好事。

(全班齐读)

【设计意图:字不离词,词不离句。引导学生借助语境、联系生活理解词语,运用词语,读好长句子。】

【奖】

玲玲的画是要参加评奖的,我们班同学都得过什么奖?

(生交流)

板块三　运用短语,讲好故事

一、用短语,梳理故事

1. 这四个长句子里还藏着特别有意思的短语,认真读一读,你有什么发现?

("得意地端详""伤心地哭")

2. 像这样的短语,文章里还有好几个呢!同学们赶快去找一找。(出示)

3. 这些带"地"的短语可有用了!你瞧,把它们按照时间的顺序串联在一起就能够把故事讲完整。

提示:要想把故事讲完整,我们可得搞清楚这是谁的动作。(生回答动作对应的人)用上这样的时间绳就可以把故事讲清楚了,同学们自己试一试。

(生用词串讲故事)

二、用词串,讲好故事

1. 同学们的故事讲得太好了,老师得升级难度。现在,我们只留下跟主人公玲玲有关的词语,故事能不能讲得更精彩呢?为了让大家把故事讲得更精彩，咱们可以加上玲玲的心情变化。

（生练习讲故事）

2. 按照这条心情线（板书），中间的表示平静，上面的是开心，下面的是难过，那玲玲这三个表示心情的词该怎么摆放呢？

（生摆放玲玲的心情图标）

3. 她通过自己的努力让画更满意了。这可不是一个普通的故事，用上表示情绪的词语，不仅可以把故事讲完整，还可以把故事讲得富有感情。

4. 总结：大家太了不起了，竟然发现了这个故事的情绪线索。那我们再讲故事的时候，也要随着主人公情绪的变化而改变自己的语气。

三、读奖状，复现生字

1. 玲玲的画究竟有没有得奖呢？你瞧，奖状来啦，谁来读一下？（生读）

2. 果真就像爸爸说的：好多事情并不像我们想象的那么糟。只要肯动脑筋，坏事有时也能变成好事。

玲玲能获得最后的成功，就是因为她对自己说：好多事情并不像我们想象的那么糟。只要肯动脑筋，坏事有时也能变成好事。

以后遇到困难的时候，大家也要告诉自己：好多事情并不像我们想象的那么糟。只要肯动脑筋，坏事有时也能变成好事。

【设计意图：完整、清楚地讲好故事对二年级学生来说既是重点又是难点，为了突破这一重点、难点，老师设计的学习活动由"地"字短语到关键词语，给扶手、给方法，引导学生在抓关键词的基础上把故事讲完整、讲清楚，层层落实，层层深入；再通过"奖状"复现生字，巩固所学。】

板块四　观察比较，学写汉字

一、发现规律

1. 观察"报、纸"的结构：左右结构，左窄右宽。
2. 观察"报、纸"的位置：上下两线，找准高低。
3. 观察关键笔画：报——横撇、捺画成一线，纸——主笔斜钩写舒展。

二、书写"报、纸"

生书写生字。

小结：课后需要写的字里还有两个左右结构的字，用上我们今天学到的方法：一看结构，二看位置，三看关键笔画，我们继续来写字。

【设计意图：通过观察汉字的结构、笔顺、重点笔画和占位，由整体到局部，指导学生把汉字写正确，写规范，写美观。】

板书设计：

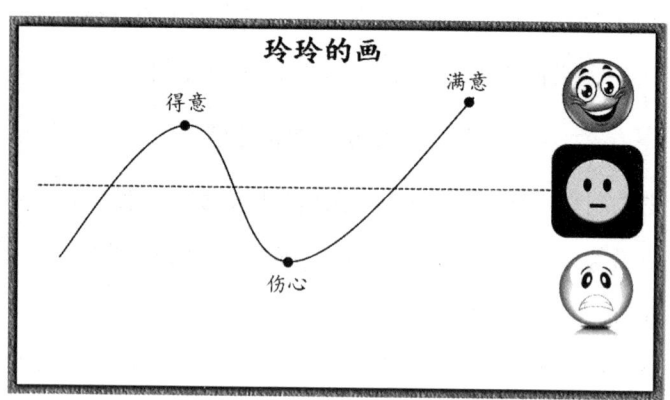

2018—2019年度
全国小语"十大青年名师"获得者
—— 陈 静

特级教师、高级教师。先后获得中原名师、河南省名师、河南省模范教师、河南省中小学幼儿园教师教育专家、河南省学术技术带头人、河南省教学标兵等荣誉称号。被聘为国培项目培训专家、陕西师范大学远程教育学院客座教授等。

颁奖词

她是三尺杏坛的歌者,

她是桃李花间的琼英。

在孩子们眼中,

她是爱,是暖,是人间的四月天。

在语文的世界里,

她用诗意、用快乐,

带领学生走进一间辽阔的教室,

营造一方自主共生的悦动课堂。

漫漫书海,她用一腔赤诚与孩子们心心相印;

多彩苑圃,她用导航的慧心去聆听花开的声音。

无怨无悔从教路,汗水倾注园丁情。

——张学伟

《中国美食》教学设计

◆ 陈 静

教学目标：

1. 运用多种方法识记"菠、煎"等16个生字，掌握多音字"炸"的读音，通过对比观察，掌握"烧、烤"等9个生字的写法。

2. 通过归类识字等方法，引导学生了解火字旁和四点底多和"火"有关，草字头的字多和植物有关。

3. 引导学生观察图片，说出各种食材与美食的名称，了解用"炒、烤、爆"等方法制作的美食。

4. 联系生活经验，说说自己家乡的美食，初步感受中国美食的丰富。

教学重难点：

了解火字旁和四点底多和"火"有关。

教学课时：

2课时

教学过程：

板块一 畅聊美食，引出课题

1. 交流分享，畅谈美食。

一提到美食，同学们都笑眯眯的。在生活中，你最喜欢吃什么美食？

2. 直入课题，引出美食。

大家了解的美食可真多啊！不同的地域有不同的美食，不同的美食有不同的特点，但它们都有同一个名字：中国美食。这节课，就让我们一起走进《中国美食》，感受中国美食的魅力。

3. 板书课题，书写提醒。

同学们要注意全包围结构汉字的书写顺序，"美"字第三横最长，撇捺舒展，落地站稳。"食"字最后一笔为"点"。

【设计意图：导入新课时，借助"喜欢的美食"这一话题，引导学生进行语言实践，将识字与学生的生活有机地联系起来。】

板块二　竞猜食材，归类识字

1. 猜谜游戏，引出生字。

我们班的美食家可真不少！想知道老师喜欢吃什么吗？那我们来玩个"猜猜猜"的游戏吧！听好啦！

出示谜语1：红红小嘴绿身子，大力水手最爱它。（菠菜）

出示谜语2：一物生来像小伞，林中树下把家安。小伞撑开收不拢，做汤做菜味道鲜。（蘑菇）

大家个个都是猜谜语的小能手，还有一种蔬菜藏在盒子里，谁来摸一摸？你觉得是什么蔬菜？（茄子）

2. 出示词语，初步识记。

（1）同学们，我们了解了三种蔬菜的特点，谁能准确说出它们的名字？

（2）出示词语：菠菜、蘑菇、茄子。

（3）看图读词语。

（4）去掉图片再来读。

（5）指导书写"茄"字，突出草字头长横的作用：长横在上盖下方。

3. 对比观察，发现特点。

（1）对比一下，你们发现这几个字有什么相同的地方吗？

（2）你还知道哪些字也是草字头吗？

（3）补充识字：洋葱、芹菜、大蒜。学生看图猜读，认读。

（4）总结：联系生活经验来识字，我们就能认识更多的生字朋友。

4. 光吃蔬菜可不行，要想做一桌营养均衡的美食，你觉得还需要补充一些什么种类的食材？

（1）学生交流，补充出示生字：肉、蛋、饭、鸡、鸭、豆腐。

（2）相机补充菜肴和主食的知识。

（3）认读生字词，观察字形，说说怎样才能记住生字。

（4）指导书写：肉、蛋、饭。重点指导"蛋"字：撇短捺长要舒展，虫字竖画压中线。

【设计意图：根据教科书的内容和编写特点，设计了猜谜语、摸实物等儿童喜欢的学习方式，引导学生归类认识草字头的生字，并联系生活，说说哪些字也是草字头，拓宽识字的途径，凸显识字的趣味，激发学生的识字兴趣。】

板块三 整体识记，读好菜名

1. 这些丰富的食材，能做出哪些美食呢？现在老师准备把食材送到厨房，用上咱们中国的烹饪方法，来个大变身。菜单就在教材的第35页。同学们轻轻捧起书，自己先试着读一读，不认识的字借助拼音多读几遍。

2. 检测，正音。

重点强调多音字"炸"：生活中，你还吃过炸什么？（炸鸡、炸年糕、炸带鱼等）其实它还有一个音，读作"zhà"，谁能来组词呢？用组词的方法区分不同读音。

3. 去掉图片和拼音认读。

4. 强化识字，巧设游戏：报菜名。

（1）同桌互报。同学们，打乱顺序后，这些菜名全部都能读出来吗？我们来化身小服务员，玩个报菜名的游戏吧！听清要求：看着大屏幕，同桌相互报菜名。如果你的同桌读得又快又准，就给他竖个大拇指，如果有哪个字还不熟悉，就带他一起读。

（2）指导读出词组的节奏。小服务员，我们在报菜名的时候，要注意词与词之间的停顿，这样就能把美食的名字读出节奏，还能读出香味呢！一起来试试。

【设计意图：关注本课集中识字的编排特点，注重图文的对应关系，在整体识记菜名后，采用多种形式读，在读的过程中不断复现生字，并重点区分多

音字在不同词语中的读音,帮助学生在情境中识字,在归类中识字,提高识字效率。】

板块四　分类识字,了解字理

1. 普通的食材是怎么做成了这么丰富的美食呢?咱们一起到厨房里看看。

(播放视频)

2. 交流汇报。

大家都看饿了吧?说说看,都了解了哪些制作方法。

(1) 学生交流。

(2) 出示字卡,认读生字:炒、爆、炸、炖、烧、烤、煎、蒸、煮。

3. 观察字形,尝试分类。

(1) 观察这些字,你能试着把它们分分类吗?并说说分类的理由。

(2) 一部分是火字旁,另一部分是四点底,猜猜看它们有什么联系呢?

(3) 播放"火"字变四点底的视频,我们来验证猜测。

4. 发现规律,引导总结。

(1) 出示课后习题中的生字:灶、焰、烫、煲、烈、熏。

(2) 读一读,猜一猜,这些字都有什么联系。

(3) 自主查字典,验证猜想。

(4) 总结:小火苗,会变形。你看,小火苗有时躲在左右结构的字里,有时躲在上下结构的字里,变成火字底,为上面的字让出位置。有时候,它愿意变成梯子,托起上面的字,就写作四点底。课下,同学们可以查字典,认识更多带"火"的朋友。

5. 词串识记,强化复现。

(1) 出示儿歌,自由练读。

小火炖,大火炒,火力十足就叫爆。

食物制作花样多,煎炸蒸煮和烧烤。

中国美食遍天下,小小火苗立功劳!

(2) 跟着节奏,配音乐读。

（3）小组齐读，个人赛读。

【设计意图：通过微视频，带领学生"后厨探秘"，直观地了解了食物的制作方法，出示火字旁的字和四点底的字；在引导学生对烹饪方式进行分类后，又从字理上帮助学生理解了四点底和"火"的关系。通过字理探究、分类识记，用儿歌构建字族，帮助学生用词串记忆。尊重构字的规律，体现了识字方法的科学性和多样性。】

板块五　对比观察，指导书写

1. 出示生字，整体观察，区分结构。
2. 重点指导：烧、烤、炒。

（1）引导学生观察，说说字形特点。

（2）重点指导火字旁的书写，关注笔画的变化。一笔一笔示范并讲解：火字旁，左点低，右撇高，两边相关照；竖撇直，捺变点，让出位置懂礼貌。

3. 拓展学法，学写"鸡""鸭"两个生字。
4. 学生练写，个别指导。
5. 出示评价标准：规范、端正、整洁。评价反馈。

【设计意图：书写指导时尊重儿童认知特点，引导学生在对比观察中发现字的结构特点，通过教师范写，对重点笔画进行逐笔指导，并把抽象的书写要点编成儿歌，学生易于理解掌握，从而提升书写能力。】

板块六　自选作业，拓展实践

1. 交流美食。中国的美食世界闻名，除了教材上介绍的这些，用上我们今天学到的这些烹饪方式，还能做出哪些美食呢？我想请大家选择一道家乡的美食或者你最喜欢的一道美食推荐给大家。

2. 总结板书。同学们，中国美食世界闻名，中国汉字奇妙无穷。从塞北到江南，从盆地到高原，勤劳的中国人居住在哪里，哪里就会燃起灶火。（完成板画）

3. 拓展实践。在课下，请大家收集我们家乡相关的美食，并制作成美食卡片。下节课，我们一起来制作家乡美食地图。你可以用上这些食材，选择自己喜欢的制作方法，和爸爸妈妈一起试着做做菜；还可以留心观察，看看家人最喜欢吃什么美食，为家人制作一份爱心菜单。

【设计意图：结合本单元要落实的知识，借助板画，引领学生感受中国美食文化的深厚，并通过实践作业"制作家乡美食卡片"，引导学生联系生活经验，体会不同美食的制作方法，感受中国美食的丰富，渗透了德育元素，落实了学科育人目标。】

2019—2020年度
全国小语"十大青年名师"获得者
———— 顾文艳

特级教师，高级教师。江苏省"333"工程培养对象，无锡市领军人才。曾获得江苏省优质课评比一等奖，全国苏教版课堂教学大赛一等奖，全国新体系作文大赛特等奖第一名。多次为国培班学员授课，参加江苏省教育厅"名师送培"活动。主持江苏省教研室立项课题《儿童诗阅读欣赏与创作的探索和实践》，并获江苏省优秀教学成果奖。

颁奖词

兴化、无锡、上海
她在自己的教育地图上
播撒着童诗的种子
数百首诗作的发表
点亮千百个孩子的梦想

阅读、写作、赛课、课题研究
江苏省特级教师、正高级教师
她在研学之路上,踩下一行行足迹
以爱期盼、以美润泽、以慢守候
静待花开是她恒久的信念与理想

她只想静静地教书
在每个春天来临的时候
她和她的孩子们都成了开花的树

——孟晓东

《彩色的梦》教学设计

◆ 顾文艳

教学目标：

1. 认读文中生字，读准字音，正确书写"彩、梦"两个生字。

2. 朗读课文，在读中想象画面，在读中理解诗意。

3. 仿照课文，创编小诗。

课前准备：

画一幅景物图。

教学课时：

1课时

教学过程：

一、导入新课，揭示课题

1. 课前同学们画了一幅画，请你介绍你的画中画了什么？

2. 今天我们要学习一首诗——《彩色的梦》。这首诗中也有很多幅美丽的画。

3. 板书课题，课题中有两个生字，请注意老师是怎么把它们写好看的。讲解写字要领，彩：三撇匀称，两短一长；梦：点要上提，字显精神。

4. 学生描红、临写，对照例字找差距，讲评后再写一遍。

【设计意图：课前布置学生画一幅画，先让学生展示画作，说说画中的内容，这是为后面的教学环节作铺垫。学习"彩、梦"两个生字，提炼出口诀式的书写要领，有利于学生记忆。学生书写时，按照一看、二写、三对照、四修改这样的流程，能让写字教学落到实处。】

二、认读生字，理解生词

1. 顾老师来上课的时候，有几位生字小精灵找到我，它们告诉我不小心和朋友走散了，你们可以帮助它们找到朋友吗？先认识一下需要你们帮助的生字小精灵吧！

2. 出示"坪"和"苹"，指名读，齐读。

3. 这两个字读音相同，怎样区分它们呢？指名回答。

4. 请帮这两个字找到它们的朋友吧！（**出示：草、果**）

5. 指名完成"找朋友"的游戏，并领读"草坪、苹果"。

6. 出示整句："结一个苹果般的太阳"，指名读、齐读。用上"……般的……"句式说一句话。

7. 出示词卡："葱郁"，读一读，联系诗句说说这个词语的意思。

8. 出示词卡："森林、雪松"，读一读词语，数一数，"森林"这个词语里有几个"木"，"森林"的意思就是……

9. 出示诗句："在葱郁的森林里，雪松们拉着手"，指名读，齐读。

10. 出示词卡："烟囱"，指读。

11. 出示词卡："精灵"，指导读准后鼻音。

12. 出示词卡："叮咛"，从偏旁猜猜"叮咛"是什么意思？用上"叮咛"说一句话。

13. 出示以上学过的生词，开火车读，齐读。

【设计意图：在认读生字的教学环节，采用了"随文识字"的方式，做到字不离词，词不离句。比如在认识两个同音字"坪"和"苹"的时候，先给两个字找朋友，再将组成的词放在句中读，然后用这样的句式练习说话。在理解生词时，让学生根据字形说说词语的意思，再联系上下文理解意思，还要用上新学的词语说话。这样的设计是有梯度的，从认读字词句到练习说话，给学生提供了语言实践的机会。这一教学环节的最后，再次出示先前所学习的生字词，这样的复现是为了让学生有更多与生字词见面的机会，从而加深印象。】

三、学习课文，想象画面

（一）学习第一小节

1. 谢谢同学们帮生字小精灵找到了朋友，瞧，铅笔小精灵也来感谢你们了！（板贴铅笔小精灵）现在，就让我们跟着它一起走进彩色的梦吧！

2. 指名读课文，其他同学听一听，有没有读错的地方，如听到读错了，等同学读完后举手纠正。

3. 思考：这首诗哪几小节描写了彩色的梦？是谁创造了彩色的梦？指名回答问题。

4. 彩色铅笔住在哪里呢？出示"铅笔盒"。装铅笔的盒子叫铅笔盒，装粉笔的盒子呢？装鞋的盒子呢？你还能说出几个这样的词语吗？

5. 彩色铅笔在铅笔盒里聊天，出示"聊天"，读一读，怎么记住"聊"字？为什么是耳字旁？因为和别人聊天时，我们的耳朵要好好听。铅笔小精灵在聊什么呢？

6. 听老师读第一小节，边听边想象彩色铅笔小精灵在铅笔盒里聊天、在白纸上蹦跳的情形。

7. 老师有个疑惑："为什么是跳蹦，而不是蹦跳？"原来是为了押韵，诗歌有音韵的美，要读好听。

8. 指名读第一小节，齐读第一小节。

【设计意图：在学习第一小节时，又随文学习了"铅笔盒""聊天"等词语，在学习铅笔盒时还拓展了一些同类词语；在学习"聊天"时，在字理教学中渗透习惯养成教育，别人说话时要学会倾听。学习第一小节采用了精读的方式，除了理解文中的生字词，还带着学生感受诗歌的音韵美并引导学生边读边想象画面，这也是学习诗歌的重要方法。精读第一小节为让学生自主学习第二

到四小节做了示范。】

（二）学习第二到四小节

1. 让我们跟着铅笔小精灵去看看彩色的梦里有什么。自由朗读第二到四小节，选择最喜欢的一节多读几遍，边读边想象你看到了什么。

2. 交流：指名读，说说仿佛看到了什么。

3. 这首诗中出现了一些特殊的标点符号，请在文中找一找。

4. 出示破折号。破折号在文中出现在哪些地方？破折号在这里有什么作用呢？我们该怎么读好？指名读、范读、分组读、齐读。

5. 出示省略号。找一找，它在文中出现在哪里？这里的省略号省略了什么？指名回答。

6. 抓住关键词句体会铅笔小精灵的心情。"滑过"是什么样的感觉，铅笔精灵的脚尖还会滑过什么地方呢？模仿课文说一说。

7. 联系诗句想象画面，完成板贴。读了第三小节，你可以用这些板贴在黑板上拼出你想象中的画面吗？

8. 再读读第三小节，板贴有没有需要调整的地方？

9. 出示词卡"森林、烟囱、拉着手"，对照板贴读一读词语。

10. 齐读第三小节。

11. 教师引读第四小节：闻到了，感受到，听到了，看到了……

【设计意图：第二到四小节的学习，以学生自主学习的方式进行，在自学后交流的环节，三小节采用了三种不同的方式：第二小节是读一读、说一说；第三小节让学生想象画面后完成板贴；第四小节则采用师生合作朗读的方式。只有尽量设计丰富的学习活动，才能让学生体会到新鲜感，从而保持学习的热情。】

四、模仿课文，创作小诗

1. 请大家把课前画的画拿出来，模仿课文，写一首诗介绍你画中的美景。

2. 交流点评。

【设计意图：在刚开始上课时，先让学生介绍了自己画的画，在学完课文以后，再让学生模仿课文写一写图画中的内容，这样的设计为学生仿写课文提供了写作的内容，也体现了学习内容从易到难的梯度。】

五、拓展阅读，推荐诗集

1. 这首诗的作者是高洪波，他写过很多有趣的诗，比如这一首《我喜欢你，狐狸》：

我喜欢你，狐狸

高洪波

你是一只小狐狸
聪明有心计，
从乌鸦嘴里骗肉吃
多么可爱的主意！
活该，谁叫乌鸦爱唱歌，
呱呱呱自我吹嘘！
再说肉是他偷的，
你吃他吃都可以。
也许你吃了这块肉
会变得漂亮无比！
尾巴像红红的火苗
风一样掠过绿草地。
我喜欢你，狐狸，
你的狡猾是机智，
你的欺骗是有趣。
不管大人怎么说，
我，喜欢你。

2. 同学们读一读这首诗，是不是很有趣？高洪波爷爷还有一本诗集，书名就是《我喜欢你，狐狸》，喜欢高洪波爷爷的诗歌的同学可以读读这本诗集。

【设计意图：从课内的诗到课外的诗，从一首诗到一本诗集，推荐诗集意在将学生领进更广阔的诗歌的天地。】

2017—2018年度
全国小语"十大青年名师"获得者
—— 李　丽

　　高级教师，四川省省级教学能手，市级学科带头人。曾获得成都市语文学科教育科研先进个人、德育科研先进个人、"学生喜爱的班主任"等荣誉称号。曾多次参加国家级、省级课堂教学比赛并获奖。她热爱课堂，追求沉稳自然，具有缜密深邃的思辨型教学风格。

颁奖词

　　29年前,一个10岁女孩儿立志要做一名语文老师,后来她如愿考上师范,18岁就站在了讲台上。从此,讲台比青春的长度更长,智慧比黑板的高度更高,希望在小小的教室里萌发,诗意在琅琅的书声中诞生。她常说"等风来,不如追风去"。在这"追"中她以语文的魅力音符,在孩子们的心野嘤嘤奏韵,引领他们在听说读写的田园里纵横驰骋;她以语文的人文浸润,在孩子们的心田播种希望,带领他们走入文学的怀抱。她就是李丽老师。

——鱼利明

《蜘蛛开店》教学设计

◆ 李 丽

教学目标：

1. 会认"店、蹲、寂、寞、罩、编"等15个生字，结合语境理解"寂寞、蹲、匆忙"等词语的意思，在田字格中规范书写"商、店"两个生字。

2. 能正确、流利、有感情地朗读课文，理清故事。

3. 能根据示意图复述故事，并展开想象续编故事。

教学重点：

能借助动画表情有感情地朗读、复述故事。

教学难点：

学习根据课后示意图复述故事。

教学课时：

2课时

教学过程：

板块一 创设童话情境，读通故事

1. 师生问好导入。

大屏幕出示微笑的表情，"你能用这些表情来和老师打招呼吗"，再分别出示羞涩的表情、热情鼓掌欢迎的表情，带着表情互相问好。

过渡：同学们，表情是我们的法宝，不仅仅是打招呼，在读故事、讲故事的时候带上表情，会更加绘声绘色，尤其是讲童话故事。

2. 揭题板书：接下来我们和童话故事里的主人公蜘蛛打个招呼，这次我们伸出小手一起写一写他的名字，请他出场。（板书"蜘蛛"，强调两个生字都是虫字旁）横变提来把"知"让，再写一个虫字旁，"朱"字在右写稳当。

和"蜘蛛"打个招呼吧！

3. 创设情境读起因，边读边识字。

（1）创境朗读，认识"蹲"字：

瞧，他来啦！（伴随音乐，大屏幕出示第1自然段）指名读整段。相机指导学生读准生字"蹲"。出示字卡"蹲"，请学生跟读两遍，将字卡贴在黑板右侧。

（2）创境追问，理解"寂寞"：

①指着"蹲"字问学生："小蜘蛛，你蹲在网上干什么？"（等小飞虫落在上面）

②追问："只是今天吗？"（每天都这样）

③追问："什么感觉？"（好寂寞，好无聊）出示词卡"寂寞"，请学生齐读并讨论："你有过寂寞的时候吗？"让学生说一说"寂寞"的亲身体验，加深理解。

师小结："寂寞"两个字都是宝盖头，和房子有关，房子里没有声音叫"寂"，房子里没有人叫"寞"，房子里既没有声音又没有人，就叫作寂寞。（把词卡"寂寞"贴在黑板右侧）

④引读句子：好寂寞，好无聊啊。

指导学生重读"好"字，体会表达效果的程度加深。

再次朗读第1自然段。

（3）创境联想，识写"商店"：

①寂寞、无聊时就找些喜欢的事情做一做，蜘蛛发现童话王国里的小动物都在开商店，想象一下会有什么商店？（大屏幕出示：神奇糖果店、乌鸦面包

店、刺猬理发店、消气商店的卡通图）

过渡：于是，蜘蛛决定也开一家商店。

②出示词卡"商店"，读一读，贴在黑板右侧。大屏幕出示带田字格的生词，指导学生观察，讨论怎样写好这两个生字。

点拨：注意写好两个"口"："商"字的"口"要写小一点，因为"商"字笔画多。"店"字的笔画少一些，"口"字要写大一些，扁一点。

③小结并范写：相同部件在不同的字里，大小和形状会发生变化。跟着老师写一遍，学生再各写一个。

实物投影反馈，强调书写时注意"口"字的变化。同桌互评。

4. 创设情境理经过，边读边识字。

过渡：小蜘蛛谢谢认真的孩子教他写字。收起笔，坐端正，小蜘蛛的商店开业啦！引读句子——编织店，每位顾客只需付一元钱。（大屏幕出示句子）

（1）回顾已知：通过预习，你知道蜘蛛的编织店都卖过哪些产品？（卖过口罩、围巾、袜子）逐一出示词卡"口罩""围巾""袜子"，请学生带读。（逐一贴到黑板上）大屏幕出示三个招牌，齐读巩固识字，并梳理脉络。

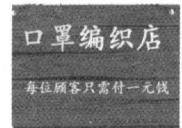 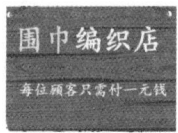 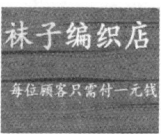

（2）自读思考：都只卖一元钱，生意一定火爆。可是为什么一会儿卖口罩，一会儿卖围巾，一会儿又卖袜子？大家拿起书自读课文，想一想。

（3）汇报，相机指导学生读好句子并识字：

①蜘蛛卖口罩时，来了一只河马，嘴巴那么大，蜘蛛织了一整天。

出示词卡"河马"，请学生贴到对应的词卡"口罩"一词的下面。

②蜘蛛不想卖口罩了，就想要卖围巾，结果来的是长颈鹿，他的脖子太长了。

出示词卡"长颈鹿"，请学生贴到对应的词卡"围巾"的下面。

过渡：这次蜘蛛织了多久？（织了一个星期）可真是累趴下了！

③蜘蛛改卖袜子，却遇到了有四十二只脚的蜈蚣。

出示词卡"蜈蚣"，请生贴到对应的词卡"袜子"一词的下面。

小结：看来不是蜘蛛的编织水平有问题，是他遇到的顾客太特殊了！出示词卡"顾客"，贴在黑板右侧，读两遍。

【设计意图：利用动画表情打招呼，营造轻松课堂氛围的同时，点明丰富自然的表情可以使朗读、讲故事等语言交际变得更具感染力，为达成本课讲好故事的教学目标做铺垫。利用课文的故事性创设情境，通读故事的同时随文识字："蜘蛛"一词，关注虫字旁的笔画变化和形声字的特点；"寂寞"一词从学生体验问起；"商店"一词配上来自绘本的商店图片激发想象，让学生置身于童话的情境、学习的情境中。尊重学生课前已有的整体感知，先回忆通过预习所知蜘蛛都卖过哪些产品，相机出示词卡："口罩""围巾""袜子"，在读好含有这些词语的三个招牌内容的基础上，启发学生思考："为什么都只卖一元钱，却一会儿卖口罩，一会儿卖围巾，一会儿又卖袜子？"从而带出故事人物"河马""长颈鹿""蜈蚣"，梳理故事线索的同时也兼顾识字写字的教学目标。】

板块二　借助表情符号，读好故事

1. 读好"河马"片段。

（1）看，第一位顾客来了。指名读。(大屏幕出示第4自然段)

顾客来了，是一只河马。河马嘴巴那么大，口罩好难织啊，蜘蛛用了一整天的工夫，终于织完了。

（2）大屏幕出示表情图做提示，带上表情读一读。

①个别读,师生共评。加上前两段,你能读好吗?生齐读。

②加大难度,初练复述:看着大屏幕中河马的图片和表情图就能把这一段讲下来了。

(3)指名复述,相机点拨:带上表情讲故事更加绘声绘色。

过渡:掌声鼓励!我来问问小蜘蛛,你还愿意再卖口罩吗?为什么?

小结:河马家还有爷爷、奶奶、爸爸、妈妈、哥哥、姐姐呢!那再卖什么呢?

2. 读好"长颈鹿"片段。

(1)大屏幕出示第5、6自然段,引读——

还是卖围巾吧,因为围巾织起来很简单。

第二天,蜘蛛的招牌换了,上面写着:"围巾编织店,每位顾客只需付一元钱。"

(配乐)师生合作读,顾客来了——

生:只见身子不见头。

师:蜘蛛向上一看——

生:原来是一只长颈鹿。

师:他的脖子——

生:和大树一样高。

师:脑袋从树叶间露出来——

生:正对着蜘蛛笑呢。

(2)提供表情提示图😱😨😰😣,学生练读。

①指名读,继续引读:长颈鹿啊长颈鹿,你的脖子和大树一样高,这可要把蜘蛛累趴下啦!你看他织啊织,足足忙了——(大屏幕出示句子:蜘蛛织啊织,足足忙了一个星期,才织完那条长长的围巾)

②指导朗读:此刻,你打算带着什么表情来读这句话?(愁眉苦脸、无奈、伤心)

③加上前两段,带着表情再读一读。男女生轮流读。

(3) 练习复述片段：这次谁能不看书讲一讲长颈鹿这部分的故事？

指名复述。

3. 读好"蜈蚣"片段。

采访过渡：小蜘蛛啊小蜘蛛，你还卖围巾吗？（不卖了，我都累得趴倒在地上了）那商店还开不开了？（开，卖袜子。因为袜子织起来很简单）你确定吗？

(1) 引发学生道出有趣的结尾。

大屏幕出示最后一段，引读——原来那位顾客竟是一条四十二只脚的蜈蚣！

(2) 有感情地朗读，指名读。

【设计意图：朗读是有技巧的，有声语言的处理对于二年级学生来说是刚起步，教明白是很困难的，需要借用学生熟悉且喜欢的动态表情符号突破这一难点。学生带着表情朗读时语调、重音、停顿、语速自然形成，对蜘蛛心情的感悟会自然流露出来。朗读是复述的基础，在教学河马和长颈鹿的情节时，设计朗读后的复述，是在学生之前学习复述基础之上进行了复习巩固和过渡提升。】

板块三　根据思维导图，讲好故事

1. 将板书形成思维导图。

教师边小结，边引导学生复述整个故事：一个多星期前蜘蛛还每天——"蹲"（摘去字卡）在网上等小飞虫，好——"寂寞"（摘去词卡），好无聊啊，所以决定开——"商店"（摘去词卡），没想到啊没想到，遇到的——"顾客"（摘去词卡）都那样特殊！卖口罩时遇到——河马（红色粉笔连线），他的嘴巴那么大！织了——一整天！改卖——围巾吧，却遇到了——长颈鹿（红色粉笔连线），他的脖子和大树一样高，足足忙了——一个星期！累得趴倒在地上。那还是卖——袜子吧，可好嘛！这位顾客有四十二只脚！是四十二只脚的——蜈蚣！这就是蜘蛛开商店的故事，"开商店"可以简称"开店"（摘去字卡"商"，板书"开"），读课题——蜘蛛开店。

2. 练习复述整个故事。

谁能看着黑板或者教材上的插图，把《蜘蛛开店》的故事完整地讲下来？播放轻音乐给学生准备的时间。

3. 指名站在黑板前讲故事，师生共评，相机指导学生注意带着表情，仪态大方。鼓励学生回家后讲给家人听。

【设计意图：教科书把复述作为螺旋上升的语文要素，从低到高循序推进。根据板书边回顾故事边巩固识字，最终形成思维导图，一箭三雕，让学生在原有复述训练的基础上，上升到根据示意图讲好故事，有梯度地达成复述的教学目标。】

板块四 激趣引发想象，续编故事

1. 激发想象，续编。

（1）如果蜘蛛见到蜈蚣来了，没有匆忙跑回网上，接着会发生什么样的故事？

（2）蜘蛛看到顾客是蜈蚣，吓得匆忙跑回网上，蜈蚣走了，可是又来了新的顾客……（大象、犀牛等体型巨大的动物）

（3）难道蜘蛛就开不成编织店了吗？怎样才既能发挥蜘蛛织网的特长，还能赚到钱呢？蜘蛛想啊想，终于有了办法……

（如：换招牌，按尺寸大小和数量多少计价；按完成时间收费；找其他蜘蛛合伙开店，一起合作）

2. 续编故事会。

（1）指名示范续编故事，引导学生可以用本课中的句式续编故事。

（2）小组内交流讲故事，互评。

（3）全班汇报。

作业：将本课故事和自己续编的故事一起讲给爸爸妈妈听。

【设计意图：基于本课是一篇有趣的童话，训练的重点是复述故事，所以完成课后第二题"展开想象，续编故事"时，设计的着力点放在"想象"和讲

想象出来的故事,而不是做价值评判,影响儿童读童话的胃口。设计中给了三种情境激发想象,从想象原文中情境的后续失败,到想象蜘蛛解决了问题,无关乎对错,目的在于反复扣住原文句式试着续编讲故事,培养学生的语感,激发学生的成就感,鼓励学生回家后讲故事,得以进行更多的语言练习。】

教学板书:

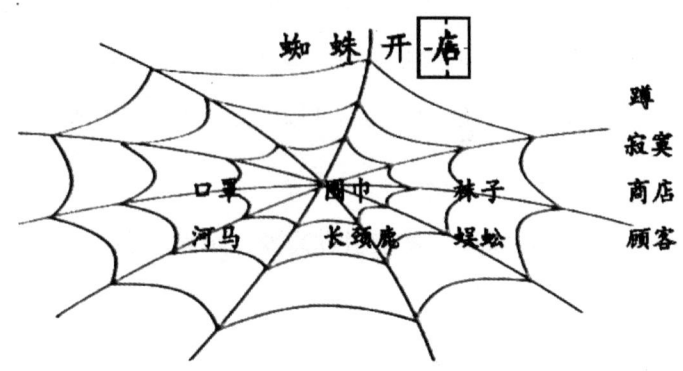

2017—2018年度
全国小语"十大青年名师"获得者
——陈德兵

高级教师。中华吟诵学会理事,广东省小学语文名师,广东省小语会青研中心委员,岭南师范学院客座教授,深圳城市学院教师继续教育授课专家。醉心小学语文教学与研究近30年,课堂教学追求灵动、活泼、智慧、深刻的境界,力图让学生学有所思、学有所得。所执教的优质课多次获省、市一等奖。2012年3月参加全国第四届小学语文教师素养大赛获特等奖。

颁奖词

他的眼光，犀利独到，但绝不剑走偏锋；

他的观点，新颖独特，但绝不哗众取宠；

他的课堂，独树一帜，但绝不故作怪异。

他，厚积薄发，曾经登上全国素养大赛的最高领奖台；

他，潜心研究，一直扎根课堂，贴着地面行走。

他，带着他的团队，研读理论，追寻深刻的语文大道；

他，带着他的团队，研磨课堂，追寻高妙的教学艺术；

他，带着他的团队，立志用自己的智慧与毅力、底蕴与热情玩转语文！

他，就是广东省小语名师——陈德兵老师。

——杨　伟

《秋天的雨》教学设计

◆陈德兵

教学目标：

1. 有感情地朗读课文，感受秋天的美丽。

2. 掌握本课"盒、颜、料"等13个生字，积累"清凉、邮票、香甜"等14个新词，背诵第2自然段。

3. 初步体会作者把秋天写得如此美丽的方法。

教学课时：

2课时

教学准备：

1. 学生课前朗读课文2遍，圈出生字。

2. 制作简易课件。

教学过程：

第一课时

一、我会读

1. 同学们，今天我们一起学习《秋天的雨》，请大家跟老师一起书写课题。（板书课题：秋天的雨）

2. 大家预习了课文，谁愿意把课文读给同学们听一听？

指名5人接读课文。师生简单评议。

3. 全班齐读课文。

4. 出示本课词语，分组认读，简要评议。

清凉　温柔　仙子　炎热　邮票　菠萝

凉爽　橘子　柿子　扇子　颜料　钥匙

香甜　雨滴　勾住　喇叭　留意　粮食

加紧　睡觉　松柏　衣裳　杨树　丰收

5. 出示几组叠词，分男女生齐读。

轻轻地

黄黄的　红红的　香香的　甜甜的　厚厚的　油亮亮的

扇哪扇哪　飘哇飘哇　好多好多

舒舒服服

6. 相机指导"的""地"的使用环境。

"的"字后面一般跟的是名词（表示人或事物的名称）。

"地"字后面一般跟的是动词（表示动作的词语）。

7. 出示一组句子，指名朗读，并简单说一说叠词的表达效果。

（1）它带着清凉和温柔，轻轻地，轻轻地，趁你没留意，把秋天的大门打开了。

（2）黄黄的叶子像一把把小扇子，扇哪扇哪，扇走了夏天的炎热。

（3）它把红色给了枫树，红红的枫叶像一枚枚邮票，飘哇飘哇，邮来了秋天的凉爽。

（4）梨香香的，菠萝甜甜的，还有苹果、橘子，好多好多香甜的气味，都躲在小雨滴里呢！

（5）松柏穿上厚厚的、油亮亮的衣裳……

师示范："黄黄的"告诉我们叶子的颜色很黄、很可爱，"扇哪扇哪"告诉我们银杏叶一直不停地在扇。

【设计意图：这个板块旨在检查学生预习情况，积累语言材料。将本课的叠词全部罗列出来，通过认读、朗读，体会表达效果，感受叠词的独特魅力。】

二、我会说

1. 课文的题目是《秋天的雨》，谁能够以"秋天的雨"开头说一句话？你可以自己造句，也可以说书上的句子。

2. 学生自读课文，勾画句子，思考。

3. 指名学生说，教师简要点评。

4. 教师最后出示课文中的句子，形成一首小诗：

秋天的雨，是一把钥匙。

秋天的雨，有一盒五彩缤纷的颜料。

秋天的雨，藏着非常好闻的气味。

秋天的雨，吹起了金色的小喇叭。

秋天的雨，带给大地的是一曲丰收的歌，带给小朋友的是一首欢乐的歌。

5. 齐读这首小诗。

6. 引导学生发现这几个句子在文中的位置。

7. 教师小结：这样的句子就叫每段的中心句。这样的文章结构就是"总分总"结构。

【设计意图：用"秋天的雨"作为开头说一个句子，整体感知课文内容，初步交流阅读感受。抓住这5个句子，了解什么是中心句，初步认识"总分总"结构。】

三、我会变

1. 秋天的雨好像有一种神奇的魔力，带给我们这么多礼物。其实，有魔力的不仅仅是秋雨，不信，你将小诗中的"雨"换成另一样东西试一试。

2. 学生思考，交流、评议。

3. 读一读换了词语的句段。

比如：

秋天的风，有一盒五彩缤纷的颜料。

秋天的风，藏着非常好闻的气味。

秋天的风，吹起了金色的小喇叭。

再比如：

秋天的阳光，有一盒五彩缤纷的颜料。

秋天的阳光，藏着非常好闻的气味。

秋天的阳光，吹起了金色的小喇叭。

4. 题目到底是用"秋天的雨"呢，还是用"秋天的（　　　）"呢？学生自由发表意见。

5. 教师小结：其实用哪个题目都是可以的，因为，作者是想通过它们告诉我们秋天的一些特点。

6. 那么，作者告诉了我们秋天的哪些特点呢？请同学们用这样的句式说一说：

"秋天的（　　　），有一盒五彩缤纷的颜料"就是告诉我们：＿＿＿＿＿＿；

"秋天的（　　　），藏着非常好闻的气味"就是告诉我们：＿＿＿＿＿＿；

"秋天的（　　　），吹起了金色的小喇叭"就是告诉我们：＿＿＿＿＿＿；

全篇课文就是想告诉我们：＿＿＿＿＿＿＿＿。

7. 学生发言，教师点评。

8. 教师出示句子，全班齐读：

"秋天的（　　　），有一盒五彩缤纷的颜料"就是告诉我们：秋天，层林尽染，景色美丽；

"秋天的（　　　），藏着非常好闻的气味"就是告诉我们：秋天，瓜果丰收，气味香甜；

"秋天的（　　　），吹起了金色的小喇叭"就是告诉我们：秋天，气温降低，大家都开始忙碌。

全篇课文就是告诉我们：秋天真是太美了！

【设计意图：通过换一换、变一变，进一步理解课文内容，让学生明白"雨"也好，"风"也罢，不过是一个载体，作者想赞美什么，歌颂什么，都藏在里面。】

四、我会写

1. 出示本课左右结构的生字：颜、料、仙、洞、油。

2. 引导学生观察左右比例。

3. 教师示范书写，突出"左右穿插"要领。

4. 学生书写。

5. 及时讲评。

【设计意图：将写字分开来，有针对性地指导，将写字指导落到实处。】

第二课时

一、我会想

1. 作者把秋天写得如此之美，我们再美美地读一读吧！

全班齐读。

2. 在这篇课文中，你最喜欢哪句话，或者最喜欢哪个词，请你简单说一说自己的理由。

课件出示句式：我最喜欢这句话（这个词）：_____。因为_____。

3. 教师示范。

我最喜欢这句话：<u>金黄色是给田野的，看，田野像金色的海洋。因为这句话把田野比喻成金色的海洋，写出了稻田里稻子成熟时金灿灿的样子，我看到了一片丰收的景象</u>。

4. 全班交流。教师相机点评。

预设：

——我最喜欢这句话：小朋友的脚，常被那香味勾住。因为这句话写出了小朋友们被水果的香味迷住的情景。

——我最喜欢"躲"这个词，因为这个词把香味当作一个可爱的小精灵来写，不细心一点，还发现不了这些香味呢。

——我最喜欢"五彩缤纷"这个词，因为这个词告诉我们秋天的色彩特别特别丰富，而且都很鲜艳，写出了秋天的美。

——我最喜欢这句话：秋天的雨，有一盒五彩缤纷的颜料。因为这句话让我想到美丽大方的秋姑娘，她用这些美丽的颜料把世界打扮得更加美丽了，也像给这个世界换了一件花衣裳。

——我最喜欢这句话：美丽的菊花在秋雨里频频点头。因为这句话把菊花当作一个个人，它们频频点头就是在跟我们打招呼，要我们过去欣赏呢。

——我最喜欢这句话：秋天的雨，吹起了金色的小喇叭。因为我们一听到喇叭响，就会立刻去排队、做早操；动物植物们听到小喇叭响，就知道冬天要来了，赶紧做各种准备，到了冬天就不会挨冻了，大家都很感谢热心的小喇叭。

……

5. 教师小结：同学们刚才各抒己见，从各个角度说出了秋天的美、句子的美、词语的美。作者怎么就能把秋天写得这么美呢？正如大家刚才所说，那是因为作者——（课件出示）

运用了大量的比喻。

运用了大量的拟人。

运用了大量的叠词。

6. 请大家看看这些秋天的美景，仿照课文用上比喻或者拟人的手法，也说一个句子。

【设计意图：深入到字里行间，感受秋天之美、语言之美、表达之美。教师充分放手，让学生尽情表达。教师及时小结，对学生的回答进行梳理。】

二、我会背

1. 这么美的句子，我们应该背下来。我有办法帮助大家！

2. 我们就一起来挑战第2自然段吧！大家看，我们将这段话变变变，变成这样——

秋天的雨，有一盒五彩缤纷的颜料。

你看，它把黄色给了银杏树，黄黄的叶子像一把把小扇子，扇哪扇哪，扇走了夏天的炎热。

它把红色给了枫树，红红的枫叶像一枚枚邮票，飘哇飘哇，邮来了秋天的凉爽。

金黄色是给田野的，看，田野像金色的海洋。

橙红色是给果树的，橘子、柿子你挤我碰，争着要人们去摘呢！

菊花仙子得到的颜色就更多了，紫红的、淡黄的、雪白的……美丽的菊花在秋雨里频频点头。

3. 大家发现了什么？

4. 学生交流，教师小结：第2—6句先写了把什么颜色给了谁，再写它的样子或者它在做什么。

5. 课件出示，师生合作朗读：

（师）秋天的雨，有一盒（生）五彩缤纷的颜料。

（师）你看，它把黄色给了银杏树，（生）黄黄的叶子像一把把小扇子，扇哪扇哪，扇走了夏天的炎热。

（师）它把红色给了枫树，（生）红红的枫叶像一枚枚邮票，飘哇飘哇，邮来了秋天的凉爽。

（师）金黄色是给田野的，（生）看，田野像金色的海洋。

（师）橙红色是给果树的，（生）橘子、柿子你挤我碰，争着要人们去摘呢！

（师）菊花仙子得到的颜色就更多了，紫红的、淡黄的、雪白的……（生）美丽的菊花在秋雨里频频点头。

6. 出示第3自然段镂空文字，学生自由练习背诵。

秋天的雨，有一盒（　　　）颜料。

你看，它把黄色给了（　　　），黄黄的叶子像（　　　），扇哪扇哪，（　　　）。

它把红色给了（　　　），红红的枫叶像（　　　），飘哇飘哇，（　　　）。

金黄色是给（　　），看，田野像（　　）。

橙红色是给（　　），橘子、柿子（　　），争着（　　）呢！

菊花仙子得到的颜色就更多了，（　　）、（　　）、（　　）……美丽的（　　）。

7. 汇报背诵。

【设计意图：第2自然段写得很美，在课堂上给学生时间，引导学生抓住这一段的特点，通过形式多样的朗读，当堂落实背诵。】

三、我会记

1. 歌颂秋天的诗歌可多了，大家还想读一读吗？
2. 一一出示。生朗读。

秋 天 到

八月秋天到，

天转凉，风变爽，

蟋蟀把歌唱。

九月秋收忙，

鱼虾肥，瓜果香，

田野翻金浪。

十月寒霜降，

枫叶红，菊花黄，

大雁排成行。

秋天到

秋天到，秋天到，

田里庄稼长得好。

棉花朵朵白，

大豆粒粒饱。

高粱涨红了脸，

稻子笑弯了腰。

秋天到，秋天到，

园里果子长得好。

葡萄一串串，

柿子挂树梢。

黄澄澄的是梨，

红彤彤的是枣。

秋天到，秋天到，

菜园蔬菜长得好。

冬瓜披白纱，

茄子穿紫袍。

白菜一片绿油油，

又青又红是辣椒。

3. 简单交流：诗歌和课文有哪些相似的地方？

【设计意图：适当拓展，链接两首小诗，引导学生进一步感受秋天的美、语言的美。诗歌和课文有很多表达上的相通之处，进行比较归纳，有助于学生以后的写作。】

四、我会写

1. 出示本课上下结构的生字：盒、票、紧。

半包围结构生字：闻、勾。

独体字：争、曲、丰。

2. 引导学生观察生字结构比例。

3. 教师示范书写。

（1）盒、票，突出皿字底，西字头；曲，上宽下窄、两侧竖画内收。

（2）强调主笔放，其他笔收。

（3）区别"闻""勾"两个字中的"横折钩"。

4. 学生书写。

5. 及时讲评。

【设计意图：继续指导生字书写，指导重心放在三个细节上，确保学生能理解、能吸收、能用上。】

2019—2020年度
全国小语"十大青年名师"获得者
———— 杨　波

　　高级教师。曾荣获第三届全国小学语文青年教师教学大赛优秀示范课奖，第七届"七彩语文杯"全国小学语文教师素养大赛特等奖。教育部领航班刘丽萍名师工作室核心成员，全国立德树人先进实践个人，全国写作教学名师。吉林省教学精英，吉林省科研名师，吉林省骨干教师，吉林省语文学科中心组成员。曾多次受邀赴各地做现场示范课及专题讲座。

颁奖词

杨波热爱儿童，热爱语文教育。由于坚持儿童的立场，遵循语文教育的规律，她的课自然细腻、扎实灵动，毫无刻意设计的斧凿之感，如涓涓小溪清新流畅，让儿童的语文素养在自然而然中得以培养和提升。多年来，在语文教育这片沃土，她深耕细作，甘之如饴。现作《鹧鸪天》一首，以表美好祝愿。

犹记池塘青草青，又见霜林明月明。家事国事天下事，皆在琅琅书声中。春在手，秋在胸，杏坛不坠小桃红。但得浴沂咏归后，黉舍长驻杨柳风。

——孙世梅

《那一定会很好》教学设计

◆ 杨 波

教学目标：

1. 会认"缩、努"等8个生字，理解由生字组成的词语，能正确、流利、有感情地朗读课文。

2. 初步把握课文的主要内容，用自己的话说一说一粒种子变身为阳台上的木地板经历了一段怎样的历程。

教学重点：

讲述"这段历程"，把握主要内容，感受童话丰富的想象。

教学难点：

用自己的话说一说这是一段怎样的历程。

教学课时：

1课时

教学过程：

一、回顾前课，导入新课

1. 谈话导入：《卖火柴的小女孩》中小女孩悲惨的命运让我们心酸难过，这节课我们来读一篇充满温暖的童话故事——《那一定会很好》。

2. 板书课题。（标注"一定"）

3. 品读课题：重读"一定"，读出一种信心、一种希望。

【设计意图：回忆前面精讲课文《卖火柴的小女孩》，勾起学生的情感共鸣。转移话锋，引出新课，关注课题中的关键词，激发学生的阅读兴趣。】

二、检查预习，认读生字

1. 拼读生字，读词语。

随机强调"拆"和"缩"的平翘舌音；"茎"一声，后鼻韵母；区别"推

tuī"和"旧jiù"的韵母及标调位置。

2. 词语中认读生字。

手推车　　根茎叶　　拆下来　　旧木料
缩成一团　　努力生长　　吱吱嘎嘎

3. 韵文中认读生字。

小小种子缩进泥，
努力成树钻出地。
茎深叶茂心愿起，
变身推车随它意。
吱吱嘎嘎想休息，
旧车摇身变座椅。
挺直腰背很吃力，
拆作地板铺满地。
童话故事多神奇，
快快走进课文里。

【设计意图：生字是阅读的工具，认读生字的目的是让学生在阅读中精准地运用与理解，重在"用"。在语言环境中检验、评价学生认读生字的情况，生字多次复现，能够加强学生对生字的记忆。

根据本课主要内容创编的"小韵文"浅显易懂，巧妙地将8个认读生字涵盖其中。此环节既是以不同方式让学生反复认读生字，又是对本课故事内容的引入，体现了"字不离词、词不离文"的语境学习观，实现了在生字的学习中初步了解课文内容，激发阅读兴趣的目的。】

三、初读课文，整体感知

教师范读，学生随机接读。

【设计意图：故事篇幅较长，教师引读示范，和谐的音乐能带领学生进入童话故事的情境当中。随机接读，考查学生倾听的专注力。师生合作朗读，营造出和谐的阅读氛围。】

四、阅读提示，明确目标

1. 回顾略读课文学习方法：关注课题旁"星号"标志，回顾略读课文学习方法——重点解决"略读提示"的问题。

2. 出示"略读提示":"默读课文,想一想,从一粒种子到阳台上的木地板,它经过了一段怎样的历程?试着用自己的话说一说。"

【设计意图:本课是学生接触的第3篇略读课文,把握课型特点,遵循学习规律,"大道至简",直入重点。"提示"中的问题为本课教学的重点,更是学生学习的重点。】

五、借助导图,自主学习

解决"略读提示"中的问题:"从一粒种子到阳台上的木地板,它经过了一段怎样的历程?"

1. 出示学习指南,解读学习卡片。

> 学习指南:
> 从一粒种子到阳台上的木地板,它经过了一段怎样的历程?
> 读:默读课文,画出关键词;
> 选:任选一张适合自己的学习卡片;
> 填:提炼关键词,填写卡片;
> 讲:根据卡片提示,用自己的话说说"这段历程"。
> 建议学习时间:7分钟

【设计意图:这是本课略读提示的问题,作为本节课的教学重点,紧扣《课程标准》"学习略读,粗知文章大意。初步把握文章的主要内容,体会文章表达的思想感情",引导学生把握文章主要内容。以"读、选、填、讲"四步学习法,为学生提供学习的框架,借助以下"学习卡片"自主学习。】

学习卡片:

学习卡片1:历程中的变化

种子——(　)——(　)——(　)——木地板

学习卡片2:变化过程中愿望改变

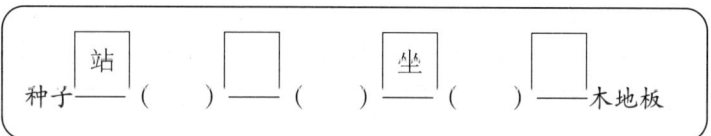

学习卡片3：进一步关注"怎样实现的目标"（关注人物、提取"动词"）

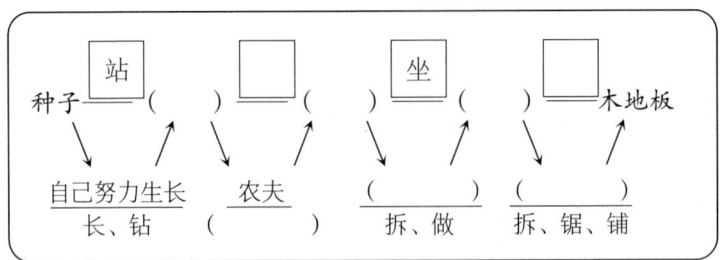

【设计意图：思维导图式的卡片设计，运用精讲课文习得的方法，理清故事线索，把握主要内容。三个难度等级的设置，尊重学生的差异性和个性化学习的需要，给予学生自主选择的机会，使自主学习更有效。】

2. 自主学习，记录时间。

【设计意图：略读课文要突出"略"字，略的是教师的精讲细说，强调学生的"自读"，要让学生唱"主角"。叶圣陶先生说过："就教学而言，精读是主体，略读只是补充；但就教学效果而言，精读是准备，略读是应用。"

此环节为本课的教学重点，突出了对学生自主阅读能力的训练。在精读课文《卖火柴的小女孩》中我们习得了以思维导图的形式理清故事的线索，从而把握主要内容的方法。本课进行自主阅读，迁移运用，实现了精读与略读的"典型引路"与"举一反三"的关系。】

3. 分层反馈，讲述历程。

学习卡片1：

种子——（　　）——（　　）——（　　）——木地板

预设：一粒种子长成了一棵（大树），又先后变成了（手推车）和（椅子），最后变成了阳台的木地板。

学习卡片2：

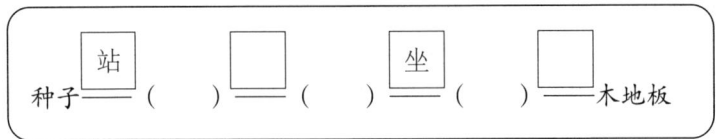

预设：一粒种子想"站"起来，就长成了一棵（大树）；这棵大树想"跑"起来，就变成了一辆（手推车）；手推车跑累了又想"坐"下来休息，就变成

了一把（椅子）；椅子想"躺"下了，最后变成了阳台的木地板。

学习卡片3：

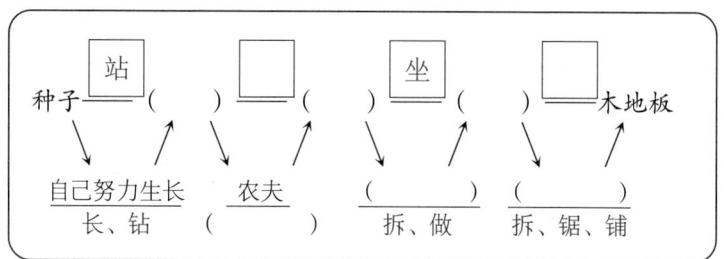

预设：一粒种子想"站"起来，于是自己努力生长，它长出根茎和叶，钻出地面，长成了一棵（大树）；这棵大树想"跑"起来，农夫把树砍倒，拖回家，做了一辆手推车。手推车慢慢变老了，农夫和儿子一起把手推车拆了，做成了一把（椅子）；过了好多年，椅子想"躺"下了，农夫的儿子把椅子拆了，锯成小木片，拼成了木地板，铺在了阳台上。

【设计意图：从选择卡片到自读填写，从书面填写到口头讲述，从同桌互讲到全班汇报，尊重学生的认知规律，尊重学习的个性需要，遵循由自主到合作的规律。】

4. 依"情节图"，理清"历程"，引出"四句话"，体会人物心情和心态，有感情朗读。

"我一定要站起来，大口大口地呼吸空气，那一定会很好。"

"要是能做一棵会跑的树，那一定会很好。"

"要是我能停下来，坐着休息一会儿，那一定会很好。"

"我真是老了。要是我能躺下，那一定会很好。"

5. 观察"情节图"思考：

（1）在这一历程中，什么发生了变化？

预设：自身在变、它的想法在变、帮助它的人在变、作出的贡献在变……

（2）在这一历程中，一直都没有变的是什么？

预设：有一句话一直没有变。

（3）再读课题——"那一定会很好"。

读出一种希望，一种信心，一种温暖，一种力量！

【设计意图：抓住故事中的四处语言描写，引领学生进入故事情境，感受树的阳光心态与无私奉献的精神。同时，在比较、思考与品读的过程中，感受童话丰富的想象。通过"那一定会很好"的类比发现与反复朗读，将童话故事的温暖与力量以最接近学生认知特点的形式呈现，以朗读的方式表达出来。】

6. 根据五幅图画，回味这一"历程"。如果用一个词语来概括，这是一段怎样的历程？（词语写在卡片上）

预设：美好、奇妙、漫长、心想事成……

【设计意图：此环节的设计旨在激发学生尝试提炼与总结，给予其个性化理解的表达机会。选择有代表性的词语贴在黑板上，给予学生思维展示的时间和空间，让学生有一种被尊重、被认可的归属感，把学生放在课堂的最中央。】

六、质疑思考，激发想象

1. 出示结尾。

故事的结尾呈现出一幅温暖的画面。（配乐朗读）

2. 引发思考。

它为什么觉得自己又变成了一棵树？

3. 随机追问。

如果它真变成了一棵树，又会怎样呢？

4. 激发写作。

同学们，把你们的这些奇思妙想写下来，也尝试编一个"树"的故事吧！

【设计意图：耐人寻味的结尾，赋予故事丰富的想象空间，激发学生编童话、写童话的兴趣和愿望。本课的学习与本单元的口语交际、习作自然链接，将读与说、读与写有机结合，落实单元目标"感受童话丰富的想象"，为"试着自己编童话、写童话"做准备。】

板书设计：

```
              那一定会很好
       美好      有趣       奇妙
       幸福      历程       漫长
              心想事成
                ……
```

注：课堂上由学生现场生成的词语卡片随机板书。

2018—2019年度
全国小语"十大青年名师"获得者
—— 闫君燕

　　天津市小语学科领航教师，天津市学科骨干教师。她主张以语言积累运用为旨归，站在儿童立场，建构自主实践的课堂，让思维拔节的声音在课堂奏响，与学生生命的成长形成美妙的和声。曾获首届全国小语青年教师教学大赛特等奖。

颁奖词

　　君燕老师性格中最突出的一点，就是——韧劲！从最初一抹新绿的静静成长，到才露尖尖角的执着追寻，直至在全国教学大赛上悄然绽放的清香袅袅，对语文教学的缱绻情深，令她始终以充满韧劲的姿态生长着！她扎根专业，永不止步地前行在理论研磨与实践建构的道路上。念念不忘，必有回响。在她热爱的小语天地里，她和孩子们获得了生长的幸福和快乐，这种幸福和快乐，如花香弥漫，似陈酒飘香。

——曹　媛

《总也倒不了的老屋》教学设计

◆ 闫君燕

教学目标：

1. 一边读一边预测，体会预测的好处和乐趣，同时进一步感受老屋善良、无私的美好品质。

2. 知道预测要有一定的依据，学习根据题目、插图、故事内容中的线索，结合阅读经验和生活经验进行预测的方法。

3. 懂得预测的内容跟故事的实际内容可能一样，也可能不一样。

教学重点：

边阅读边预测，学习根据题目、插图、故事情节规律和生活常识等进行预测的基本方法，初步感受预测的好处和乐趣。

教学难点：

懂得预测结果正确与否并不重要，重要的是要有理有据。

教学课时：

1课时

教学过程：

一、揭示课题，初探预测

1.（板画老屋）教师一边画，学生一边猜，认识故事的主人公。

2. 揭晓答案，出示课题。看到课题，你想到什么，是什么原因让老屋总也倒不了呢？

3. 教师小结，引出"预测"这一主题。

同学们，猜测与推想，使我们的阅读之旅充满了乐趣。这种有依据的猜测、有关联的推想，就是"预测"（板书：预测）。这节课我们来读故事，一边读一边预测,顺着故事的情节去猜想。

4. 引导学生关注标题中"倒不了"和"老屋"之间的矛盾,知道可以借助文章标题展开预测。(板书:题目)

【设计意图:本课以"预测"为教学目标贯穿始终。上课伊始,鼓励学生从课题出发大胆猜测,在预测的"热身"活动中,激发探究的兴趣,从而开启预测的探秘之旅。】

二、边读边猜,学习预测

学习根据题目、插图、内容来预测。

(1)学习课文第1自然段,引导学生抓住"一百多岁""黑窟窿""破了洞""很久很久没人住"等关键词句,谈谈对老屋的印象,体会老屋的破旧与年迈。

(2)边读边想象,读出老屋的"老"。

(3)研读"小猫"请求老屋部分。

①暴风雨要来了,无家可归的小猫来请老屋帮忙,你们觉得老屋会答应小猫的请求吗?有谁认为不会答应?说说原因。大多数同学认为老屋会答应,也说说你们的理由。

②请持不同预测结果的同学讲讲自己的理由。教师顺势小结:同学们联系文中小猫的话,结合课文内容,提出自己预测的依据。(板书:内容)

③我们看看学习伙伴是怎么预测的?(出示批注:图中的老屋看上去那么慈祥,她应该会答应吧)结合旁批,引导学生观察插图上老屋的表情,明确学习伙伴是将课文插图作为预测的重要依据。(板书:插图)

【设计意图:作为预测单元的开篇课,习得方法是重点。本环节基于学生真实的阅读体验,引导学生在阅读的过程中自主发现预测方法,不断积累预测经验。同时借助旁批这一教材资源,充分发挥其助学功能,将其作为学习伙伴的预测融入教学环节,既令学生感到亲切,同时也进一步让学生知道预测的依据是多样的,不是单一的。】

三、理清思路,练习预测

1. 理清预测思路,学习根据生活经验来预测。

依据"老屋""小猫"之间的对话,结合旁批,预测"老母鸡"部分的内容，知道抓住生活经验预测的方法。

①读第7自然段，比较一下母鸡和小猫的请求有什么不一样，说说老屋会答应母鸡的请求吗。

②引导学生关注"二十几天"，体会母鸡请求老屋站得时间更长，因为母鸡要孵小鸡，可能会有些麻烦，结合生活经验，作出自己的预测。

③请持不同预测结果的同学说说自己的理由。教师顺势小结：联系自己的生活，同学们预测的内容有的与故事内容一样，有的不一样。"生活经验"也是预测的依据。（板书：生活经验）

④（出示批注：我想老屋可能会不耐烦了）看看小伙伴的预测和你的预测一样吗？理清小伙伴的预测过程，并把小伙伴预测的思路用"当小伙伴读到……就想到……于是预测……"这样的句子表述清楚。

2. 学习根据情节规律来预测。

（1）依据"老屋""小猫""老母鸡"之间的对话，结合旁批，预测"小蜘蛛"部分的内容，发现抓住故事情节的规律也是预测的好办法。

①送走母鸡之后，老屋又要倒下了，读到这里你的预测是什么？

②（出示书中小伙伴的预测：一读到这句话，我就知道，一定又有谁来请老屋帮忙了）你的预测是否和小伙伴相同呢？为什么你们会有相同的预测，和同学们分享你的预测理由。

③教师小结：课文中反复出现的情节提示了我们，抓住情节规律来预测，也是一个好办法。（板书：规律）

④自读第11自然段，读到这里同学们有没有新的预测？能不能用"当我读到……就想到……于是预测……"这样的句子表述清楚，让老师看到你思考的过程。

⑤（出示批注：我猜到了老屋会怎么回答）书中的学习小伙伴这次不仅和你们预测的一样，他还猜到了老屋会怎么回答呢，要想猜到老屋怎么回答，必须先找到规律。

⑥（出示前两次对话）依据前两次对话的规律，猜猜老屋会对小蜘蛛说什么？交流预测。

⑦发现规律以后，我们的预测越来越接近课文的真相了，读一读课文中有规律的三处情节，边读边感受你发现的规律。

（2）把故事读完，边读边思考，将自己的预测和大家分享，要说清楚自己的预测思路。

（3）边读边预测，老屋总也倒不了的原因究竟是什么呢？结合学生交流，教师小结：老屋总也倒不了的真正原因是不断帮助别人以及不断被别人需要。

（4）再次默读全文，找一找，你还能发现故事里的哪些规律。

【设计意图：在不同的情节中运用相同的句式表述，辅助学生反复假设，提出依据，进行验证。逐级递进的层次，将学生从"预测依据"到"预测内容"的思维过程可视化，体现了由易到难的能力训练，拓展了学生思维的广度和深度，促进了学生思维的提升和语言的发展。】

四、续编故事，运用预测

1. 预测新的情节，分享预测结果，练习在情境中表达。

在小蜘蛛来之前，还有其他小动物来请老屋帮忙，想一想，有哪些小动物？他们会提出怎样的请求？老屋又会怎么回答？

2. 增补原故事情节，对比认知。

教师小结：预测有时和故事一样，有时可以不一样，只要同学们的预测是有依据、有规律的，都值得肯定。相信在预测的过程中，同学们一定会找到属于自己的那份猜想和推测的快乐。

3. 引导学生梳理总结本课学到的预测方法。

【设计意图：通过预测新的故事情节，为学生提供重构文本的机会，变无意阅读为有意阅读。尊重学生的阅读思考，鼓励学生在有预测依据的前提下，大胆预测，增强学生预测的信心，内化并巩固预测能力。】

板书设计：

总也倒不了的老屋

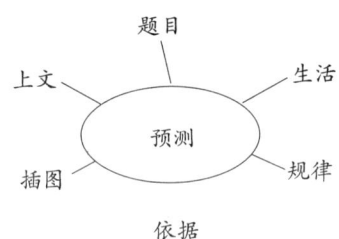

2018—2019年度
全国小语"十大青年名师"获得者
—— 牛筱琼

　　特级教师。甘肃省青年教学能手，甘肃省骨干教师，兰州市基础教育教师培训专家，兰州市金城名师工作室主持人，读者出版传媒"读者·新语文"之《小学语文分级读写课》研发专家、课程主讲，中国教师研修网、西北师范大学、天水师范学院"国培计划"教师培训特聘专家。曾获全国小学语文青年教师教学评比特等奖，教育部"一师一优课"国家级优课，甘肃省小学语文教学比赛一等奖等各级各类奖项。

颁奖词

起步于兰州皋兰山巅，

一所村小。

辗转行来，

始终与内心的欢欣鼓舞相伴，

未曾放下心中的豪情与梦想。

每一节课的背后，

都隐藏着敬畏与勤勉；

每一篇文章里面，

都蕴藉着思索与执着。

"却顾所来径，苍苍横翠微。"

纵时光荏苒，岁月如梭，

她的内心，

从来岿然不移。

挑起小语人逐梦的行囊，

鼓足了放慢脚步的勇气，

为的只是，

坚守童心的纯真，

诠释语文的醇美！

——石 英

《搭船的鸟》教学设计

◆ 牛筱琼

教学目标:

1. 正确读写本课生字新词,品析表达生动的句子,感受作者细致的观察和准确的表达。

2. 学习作者留心观察,从平凡细微的物象中发现美好的洞察力,启迪学生的观察意识。

3. 学习细致观察、有序描写的方法,练习写片段。

教学课时:

2课时

教学过程:

一、检查预习,导入新课

1. 板书课题,强化生字。

师:同学们,今天我们要学习一篇新的课文《搭船的鸟》。看老师写课题,"搭"是本课的一个生字,右上边的"艹"不要写成"竹"。

("艹"用醒目的色彩标出)

2. 了解起点,同步识写。

师:通过预习,你知道了什么呢?(指名学生交流,相机点拨;指导学生书写生字"翠",引导观察,重点关注"羽"字变成偏旁后的变化)

出示生字:

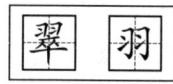

3. 检查预习,认读词语。

展示学生的预习单,给易错词语及多音字正音。

出示：

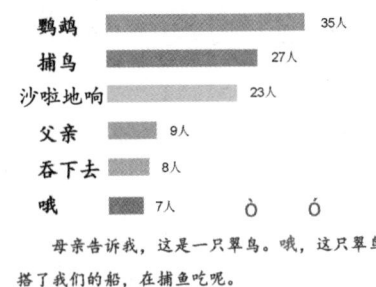

【设计意图：第一，用好预习单，对学生不容易掌握的生字词做足"前参"，使生字词的教学与学情相适切；第二，针对学生的反馈，对易错多音字的读音，结合语境正音。】

二、问题驱动，深入感知

1. 围绕习题，自主读文。

师：同学们，作者和母亲在探亲途中，对哪些事物作了细致观察？请你读读课文找一找，然后和同桌交流一下，说说你是从哪里看出来的。

2. 指名汇报，顺学而导。

（1）预设：关于雨天

出示：我们坐在船舱里。天下着雨，雨点打在船篷上，沙啦沙啦地响。

师：你听过雨声吗？为什么这里的雨声是"沙啦沙啦地响"？看课文插图，船篷是什么材质？（指名学生交流，引导点拨，明确观察不能仅凭眼睛，还要有多种感官的参与，要认真思考）

（2）预设：关于船夫

出示：船夫披着蓑衣在船后用力地摇着橹。

师：（引导点拨）你从哪里看出作者观察的细致？船夫为什么这么用力地摇着橹？

（补充图片资料，引导学生辨析三种划船工具"橹""桨""篙"，明确船夫用力的原因及民间"一橹抵三桨，一桨抵三篙"的说法，深入感知作者细致的观察和准确的表达）

出示：

櫓　篙　桨（gāo）

（3）预设：关于翠鸟的外形

出示：我看见一只彩色的小鸟站在船头，多么美丽啊！它的羽毛是翠绿的，翅膀带着一些蓝色，比鹦鹉还漂亮。它还有一张红色的长嘴。

师：你从哪里看出作者观察的仔细？（指名学生交流，引导点拨，作者远观一只短暂停留在船头的鸟，却能对其观察仔细，分辨其羽毛颜色的细微差异，看清其嘴巴的样子、颜色）

（4）预设：关于翠鸟的外形

出示：我正想着，它一下子冲进水里，不见了。可是，没一会儿，它飞起来了，红色的长嘴衔着一条小鱼。它站在船头，一口把小鱼吞了下去。

师：你从哪里看出作者观察的仔细？画线的词语，让你想到了什么？（指名学生交流，相机点拨，作者对翠鸟捕鱼动作快速捕捉，并能准确描写，学习时要体会动词使用的精准）

3. 归纳小结，梳理板书。

师：同学们，这篇课文的作者不仅对翠鸟的外形、动作进行了仔细观察，还描写了自己身处的场景和船夫的衣着、动作。（相机板书）这只是一次平常的探亲之旅，因为作者的留心、细心，竟发现了这么美好的事物。这让老师突然想起单元主题页上的一句话，谁来说说你的理解？

出示：生活中不缺少美，只是缺少发现美的眼睛。

——［法国］罗丹

（指名学生结合课文或实际，交流自己的看法）

【设计意图：第一，教材的课后题提示了教学内容，它是编者针对文章特点设置的能力训练点和教学重难点，用好课后习题的导学、导练功能，能极大地优化语文教学。第二，通过问题驱动，引导学生读文，从宏观上把握课文的概况，构建起全文的语义图像，形成对课文的初步印象。然后在此基础上，引导学生潜心读文，对作者选取的平凡而细微的观察物象作微观分析、深入品悟，感受作者观察的细致，领悟作者表达的准确。第三，充分预设，顺学而导，积极促成学生、教师、文本三者对话的课堂生态。】

三、补充拓展，探究写法

1. 引出例文，交流所获。

师： 同学们，偶然闯进作家眼睛的翠鸟，留给我们一个美丽的侧影。你想更多地了解翠鸟吗？我们来看另一位作家菁莽写的翠鸟的片段。

出示：

翠鸟喜欢停在水边的苇秆上，一双红色的小爪子紧紧地抓住苇秆。它的颜色非常鲜艳。头上的羽毛像橄榄色的头巾，绣满了翠绿色的花纹。背上的羽毛像浅绿色的外衣。腹部的羽毛像赤褐色的衬衫。它小巧玲珑，一双透亮灵活的眼睛下面，长着一张又尖又长的嘴。

师： 你喜欢这个片段吗？为什么？

（指名学生交流，聚焦作者的观察，顺学而导，相机追问：你认为作者对翠鸟需要观察多久，才能写出这样的文字？你从哪里看出作者的观察经过了很长一段时间？这个片段和《搭船的鸟》中作者写翠鸟的写法有什么不一样？）

2. 梳理脉络，明晰表达。

（1）对照例文，借助"图式"，明晰作者的语言密码。

师： 同学们，现在请你再读读这段话，看看作者是怎样写翠鸟的，然后试着填写下表。

出示：

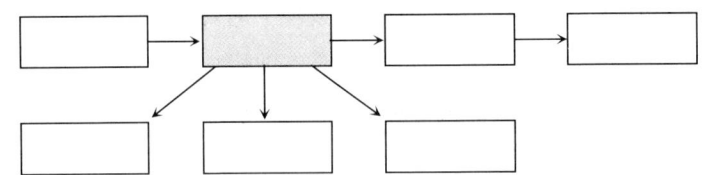

（2）学生相互交流，集体反馈，在黑板上完善图表，明确作者的有序描写。

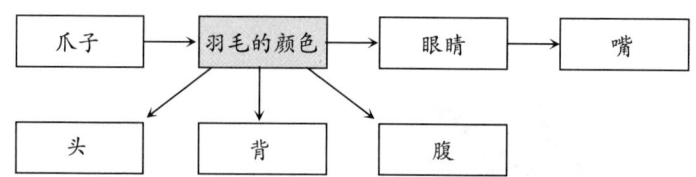

师：看图表，你对作者的描写有什么发现？作者是按什么顺序写的？（相机点拨、引导，明确：对于观察所得不能凌乱地去写，需按照一定的顺序写，这样表达才有条理。此外，对于事物最突出的特点还需作重点分层描写）

【设计意图：第一，《搭船的鸟》是引导学生感受作者细致观察的极佳范文。教学在完成对学生观察意识的启迪后，还可以趁热打铁往前更进一步，学习怎样将细致观察的所得有条理地进行表达。因为"言之有序"是习作的基本要求，也是刚升入三年级的小学生对自己观察所得进行表达的难点。鉴于此，本环节以"翠鸟"作为课内外读写的链接点，精心选择《翠鸟》片段作为例文，便于学生研读，习得写法。第二，借助例文的研读，将写作中"看不见"的方法（顺序、详略等）转为清晰可视的"图式"，从而引导学生发现表达之妙，探究写法，对观察所得做到"言之有序"。】

四、观察表达，初试身手

1. 呈现对象，自主观察。

师：今天，老师带来了两只可爱的鹦鹉"小红"和"小蓝"，请你仔细观察，然后有顺序地写一写它们的样子。

出示：

2. 当堂练笔，评议修改。

（1）指名学生描述自己的观察所得，在相互交流中完善观察细节，并任选一只鹦鹉作为观察对象，当堂练习写片段。

（2）指名展示习作片段，紧扣训练点，给出评改标准，使评价具有针对性。

出示：

👍👍　观察细致，表达清楚
👍👍👍　观察细致，表达有序
👍👍👍👍　观察细致，表达生动

（3）学生依据评改标准，同桌间相互评议，提出修改意见。

师：同学们，刚才我们交换阅读了同伴的习作，写得怎么样，你点了几个赞？谁来夸夸自己的同桌？你给了同伴什么建议？

3．归纳总结，结束全课。

师：（就本次课堂练笔的突出问题进行汇总）同学们，在我们的生活中，美好的事物还有很多，空山鸟鸣，月晕础润，雨打窗棂，甚至一花一草都有各自的美，关键在于你是否能够留心观察。作文离不开生活，离不开对生活的细致观察，愿我们每个人都拥有一双善于观察的眼睛！

【设计意图：第一，先前的例文与教师适时出示的同题材练笔，整合、构建起了"读写一体"的大框架，既能让学生从中挖掘习作之妙，实践写作方法，也能让学生的习作有话可说，有话可写。第二，体现习作的全程指导，注重评议与修改，评价的标准紧靠教学目标，使学习效果得以当堂检测。第三，依据单元目标，将精读课文与"初试身手"的单元练笔进行整合，使习作策略单元的教学"知行合一"，学生学习更有系统性。】

板书设计：

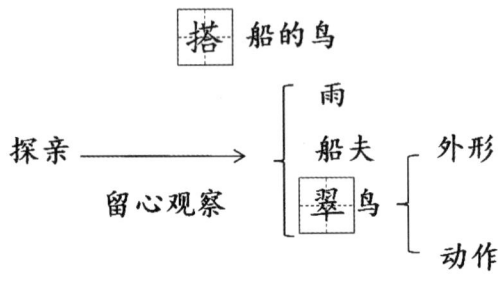

2017—2018年度
全国小语"十大青年名师"获得者
———— 汤　瑾

特级教师，高级教师。全国"注·提"实验先进个人，全国"小学写作教学名师"提名。课堂教学曾获第二届全国青年教师新体系习作大赛特等奖，教学课例获得2016年度"部优"，现场赛课获安徽省一等奖。曾赴马来西亚进行华文教育交流，应邀在全国各地执教名师示范课及专家讲座，曾主持多场省、市级教育教学现场活动。

颁奖词

温柔的坚持　永恒的美丽

特级教师汤瑾长期致力于小学作文教学实践研究，她借助绘本开发作文教学课程，形成了别具一格的特色。她将绘本主题与儿童生活加以整合，在充满情趣的习作创作中发展儿童的构思力和表达力，走出了一条行之有效的习作教学之路。

汤瑾的作文课堂，用心呵护儿童生命成长的三颗种子：好奇心、求知欲和想象力，鼓励儿童用自己的话语书写自己的故事，还儿童以真实的表达生活。这样的写作教学促进了儿童对语言建构的发现与成就，充满了教育的生命关怀，是写作教学的价值回归。

汤瑾老师以名师工作室的方式组建了写作教学共同体，将写作教学思想与经验传递给更多的青年教师。在共同研究和探索中，深化了对习作教学理论的理解，丰富了写作课程教学内容。

温柔的坚持，永恒的美丽。愿汤瑾老师在小学语文教学改革的路上走得更远、飞得更高！

——吴忠豪

《灰雀》教学设计

◆ 汤 瑾

教学目标：

1. 认识"宁、胸"等10个生字，会写"郊、养"等13个字，会写"郊外、养病"等12个词语。

2. 能找出体现列宁和小男孩喜爱灰雀的句子。

3. 能带着问题，边默读边揣摩人物内心的想法；能体会列宁对小男孩的尊重与呵护，体会小男孩的诚实与天真。

4. 分角色朗读课文，能读出对话的语气。

教学课时：

2课时

教学过程：

一、由题入手，谈话激趣

1. 谈话导入，走近灰雀，引发关注。

师：在美丽的大自然里有各种可爱的鸟儿，比如灰雀，它特别惹人喜爱。你们见过灰雀吗？

2. 学生结合课前收集的资料或生活体验畅所欲言。

3. 出示灰雀图片，板书课题。

师：在列宁散步的公园就有三只可爱的灰雀。今天，就让我们走进课文《灰雀》，走进列宁、小男孩和灰雀的故事吧。

4. 相机认识"雀"，关注"隹"部，并书写。

师："雀"是鸟类的一种。

【设计意图：从题目入手，激发学生的好奇心，打开学生的话匣子，自然引入本课，把握文章的主线，让学生欣然进入学习状态，相机进行生字教学。】

二、走近灰雀，体会"惹人喜爱"

1. 默读课文，想一想：围绕"灰雀"，列宁和小男孩之间发生了怎样的故事。

2. 全班交流讨论，帮助学生把握文章主要内容，理清人物和灰雀之间发生的事情。

3. 列宁和小男孩喜爱的灰雀究竟是怎样的呢？生边读边圈画相关句子。

4. 生朗读相关句子，结合关键词说说自己的感受。

预设1：列宁每次走到白桦树下，都要停下来，仰望这三只欢快的灰雀，还经常给它们带来面包渣和谷粒。

重点关注"仰望"背后隐藏的情感——呵护之情。

师： 同学们，哪个词语能看出列宁对灰雀的喜爱？（仰望）那什么是"仰望"呢？生活中你有过仰望吗？

预设2：那个男孩本来想告诉列宁灰雀没有死，但又不敢讲。

重点思考：男孩怎么知道灰雀没有死呢？他又为何不敢讲？可否大胆猜测，灰雀去了哪里？

引导学生感悟：男孩对灰雀的喜爱是"把灰雀带回家，把它养在笼中"。

5. 联系自身，畅谈想法，自我反思。

师： 面对这么惹人喜爱的灰雀，你会怎么做呢？

预设1：我会像列宁一样每天仰望它们，然后喂养它们。

预设2：我不会把它们带回家，因为那样就剥夺了它们的自由。

【设计意图：这一板块教学时，首先从整体入手，引导学生把握文章主要内容，理清人物之间的关系，了解列宁、男孩和灰雀之间发生的事情。在此基础上，再进行深入的学习，引导学生找出书中对列宁和男孩喜爱灰雀的不同表现的描写，体会、交流，巧妙地渗透对比，再引导学生联系生活，自我审视，充分表达自己的真实感受。由此，学生在亲历学习的过程中，经过朗读、体

验、讨论、深思，自主获得如何与大自然，如何与动物和谐共处的正确的认知，水到渠成，润物无声。】

三、对比体会，感受两种不同的"喜爱"

1. 从哪里能看出列宁和小男孩喜爱灰雀？找出相关的语句，再读一读。
2. 生结合文中的语句及自己的理解进行交流，师相机出示思维导图：

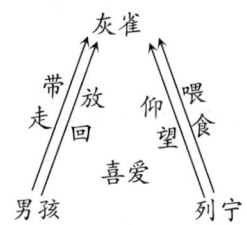

【设计意图：通过思维导图的对比呈现，再次强化列宁和男孩对灰雀"喜爱"的不同表现，构建文本学习的基本框架，为后面透过人物的语言揣摩人物内心埋下伏笔，打下基础。】

四、聚焦第一次对话，体会列宁的善解人意

1. 你从哪里知道小男孩将灰雀带回家了？带着问题默读。
2. 指名分角色朗读，生点评。
3. 细品第一次见面时的对话。

（1）聚焦。男孩说："没……我没看见。"引导学生质疑思考：从这个省略号中，你读出了什么？小男孩为何这么犹豫？

（2）如果给小男孩说的话前面加个提示语，你会加什么？

预设：吞吞吐吐、红着脸、慌慌张张等。

（3）聚焦。列宁说："一定是飞走了或者是冻死了。天气严寒，它怕冷。"想一想，列宁是怎么说的？也试着加个提示语。

预设：故意、担忧、皱着眉头等。

（4）讨论。列宁自言自语地说："多好的灰雀呀，可惜再也飞不回来了。"这里列宁真在"自言自语"吗？他是想说给谁听呢？

（5）聚焦。男孩看看列宁，说："会飞回来的，一定会飞回来。它还活

着。"这一次男孩是怎么说的?试着加个提示语。

4. 学生根据自己的体会,同桌相互练读列宁和男孩的对话。

【设计意图:先引导学生自主学习,在文中的字里行间找寻男孩将灰雀带回家的"证据",进而自然聚焦他与列宁第一天见面时的对话。在体悟对话的环节,先通过朗读,感受语言蕴藏的情趣、情感,揣测人物的内心世界;再通过加提示语的方式将人物背后的隐性情感彰显出来;最后,再让学生把内化的理解、体会用朗读的形式表现出来,读好人物的语气,表达出人物内心的情感。】

五、聚焦第二次见面时的语言,体会男孩的诚实

1. 联系文本,进行印证。

师: 第二天,列宁看到了什么?你觉得这是意料之中的吗?说说你的理由。

2. 默读列宁的话,学生思考:从列宁的话中,你读出了什么?

出示: 列宁看看男孩,又看看灰雀,微笑着说:"你好!灰雀,昨天你到哪儿去了?"

预设1:列宁故意说给男孩听,告诉他,将灰雀带回家的行为是不对的。

预设2:列宁在提醒男孩爱灰雀应该给它自由,让它回到大自然的怀抱。

3. 揣摩男孩心理,尝试表达。

师: 如果男孩在心里回答了列宁的问题,想想他会怎么说呢?让我们尝试走进男孩的内心世界,想一想,再试着和同桌交流一下。

4. 指名交流,师生反馈点评。

【设计意图:先引导学生发现第二天灰雀的归来,在阅读发现的基础上进行充分的交流,让学生在陈述自己理由的过程中,感受列宁这种润物无声的启发式教育的精妙。正是列宁的宽容、体谅、善解人意的教育方式,让男孩自我反思,主动放回了灰雀,让灰雀重回大自然的怀抱。细品列宁的话,能让学生进一步感受列宁的智慧——看透但不说破的育人之法。而此处引导补白男孩的内心独白,则试图让学生再次走进男孩的内心世界,通过学生不同的表达,彰显男孩善于反思、诚实勇敢的品质,凸显出自我教育的力量。】

六、分角色表演，回归整体

1. 练习分角色表演，加深认识。

师： 我们试着把文中人物和灰雀之间的故事演一演，好吗？

2. 师生合作再现故事。（两位学生上台分别扮演列宁和男孩，师说旁白）

3. 现场采访，升华情感。（引导学生对表演者进行提问，感受表演者的内心体验）

4. 总结。

师： 今天，我们带着问题走进了《灰雀》一课，通过默读了解了列宁、男孩和灰雀之间发生的感人故事。通过细细品味人物的对话，我们走进了人物的内心世界，对人物的性格、品质有了更深入的理解。同学们，这就叫"言为心声"。今后，我们在写作中也可以运用人物的语言、神态、动作描写来表现人物的内心世界。

【设计意图：通过学生的表演，进一步学习通过人物语言来体会人物内心世界的表达方法。现场采访环节，学生可以就两位同学的表演自由提问，通过生生互动，引导学生再次感受"通过人物的语言和表现来体会人物的内心活动"的方法，从而加深理解。】

2019—2020年度
全国小语"十大青年名师"获得者
—— 江海花

高级教师。江西省骨干教师,江西省首批名师培养对象,九江市优秀教育工作者。曾获得2018年第三届全国小学青年教师语文教学现场课比赛一等奖,江西省"赣教杯"小学语文优秀课例展示活动一等奖。《我的伯父鲁迅先生》《语文园地》获教育部"一师一优课、一课一名师"活动部级优课。执教的《我最喜欢吃的水果》获江西省教育资源优秀课例。

颁奖词

对于工作上取得优异成绩的教师,我们通常会用这样一句话来形容:某某天生就是当老师的料。这句"颁奖词"最通俗不过了。但细琢磨起来,总觉得它过分强调了客观、外在的条件,忽视了成绩和荣誉背后浸润的汗水。我觉得勤奋好学,追求完美,善于思辨,敢于挑战,这些主观、内在的因素,更能诠释一名业务精湛的老师成功之所在。

江海花老师如是,为师者亦当如是。

——徐承芸

《语文园地》教学设计

◆ 江海花

教学目标：

1. 学习写通知，明白写通知的要素和格式。
2. 掌握书写横画和竖画比较多的字的要领，练习书写。
3. 积累含有寓言故事的成语，激发学生积累成语的兴趣。

教学准备：

多媒体课件

教学课时：

1课时

教学过程：

一、回顾复习，导入新课

1. 回顾复习。

我们通过交流平台，交流了自己读过的其他的寓言故事，知道了寓言故事蕴含做人的道理，还能让我们想到生活中的许多人和事。

在词句段运用这个板块，我们积累了两组有特点的词语。

源源不断　津津有味　闷闷不乐　依依不舍　头头是道

无忧无虑　无边无际　无声无息　无法无天　无时无刻

通过补充句子，我们体会到带有动作和神态的提示语能让读者更清楚地了解人物说话的心情和语气。

2. 导入新课。

今天我们继续学习词句段运用的第三个内容——写通知。

【设计意图：正所谓"温故而知新"，通过回顾旧知，能增强学生的整体意识，发现教材的编排规律以及知识链接，也为后面的学习奠定基础。】

二、创设情境，学写通知

1. 回顾《动物王国开大会》。

（1）还记得我们在一年级的时候学过的一篇课文《动物王国开大会》吗？动物王国要开大会了，狗熊用大喇叭通知大家，一共通知了四次。

（2）课件出示四次通知并配音：

第一次：

"大家注意，动物王国要开大会，请你们都参加。"

第二次：

"大家注意，动物王国要在明天开大会，请你们都参加。"

第三次：

"大家注意，动物王国要在明天上午八点开大会，请你们都参加。"

第四次：

"明天上午八点，在森林广场开大会，请你们都参加。"

（3）看到最后一次通知，动物们都准时参加了大会。通过这个故事，你知道通知一件事要注意什么吗？是的，要说清楚时间、地点、参加人和具体事情。

【设计意图：从熟悉的课文着手，回顾发通知的要素，使后面的写通知有了坡度，降低了写通知的难度。】

2. 写清内容。

过渡：今天我们要学习如何写通知。

课本中给我们提供了一个范例，大家读一读。

·读通知，注意格式，再选择一种情况，写一个通知。

```
         通　　知
    4月9日下午3点，请全体同学到操
场集合，观看文艺表演。
                  少先队大队部
                      4月7日
```

◇通知各班班长领取新校服。
◇通知全班同学参观博物馆。

*在这个通知里写清楚了时间是4月9日下午3点。同学们要注意，通知中的时间一定要具体到哪一天、几点钟。

*地点是哪里呢？操场。同学们要注意，通知中的地点范围不宜太大，要把地点中的具体位置写清楚。比如公园，公园的地方很大，要写清楚公园的什么地方，比如：公园的北大门、公园的湖心亭……

*明确了地点，要做什么事情呢？观看文艺表演。

*哪些人参加呢？全体同学

*谁通知的？少先队大队部

*还写了通知时间：4月7日

3. 写对格式。

过渡：写清楚了时间、地点、事情、参加人、通知人、通知时间，通知就是有效的。那么，写通知要注意什么格式呢？我们再来看看。

（课件再次出示文中的通知）"通知"二字写在第一行的中间。如果这个通知很紧急，可以写"紧急通知"。如果这个通知特别重要，可以写"重要通知"。正文前面空两格。右下角写明通知人的名称和时间。同学们，你们学会了吗？

4. 学写通知。

（1）选择一种情况，写一个通知。

通知各班班长领取新校服。

通知全班同学参观博物馆。

（2）写前指导。

我们来看看第一种情况：

通知各班班长领取新校服。

在这短短的一句话中，我们可以提炼出哪些关键信息呢？是的，参加人是各班班长，事情是领取新校服。那么我们在通知中还需要补充什么呢？时间、地点、通知人和发通知的时间。

掌握了这个方法，我们就可以开始动笔写了。

【设计意图：动笔之前，借助第一种情况进行写法指导，先"扶"，为后面的"放"打下基础。】

（3）下面请同学们拿出本子，在这两种情况中选择一种写一个通知。

5. 集体讲评

*第一则通知：

（1）（出示：通知各班班长领取新校服）下面我们来看一看这位同学写的通知。

> 通　知
> 4月10日上午10点，请各班班长到学校，领取各班的新校服。
> 　　　　　　　　　　　　德育处
> 　　　　　　　　　　　　4月9日

（2）大家认真读一读这位同学写的通知，你发现了什么吗？通知中写清楚了时间、参加人、事情以及通知人和通知的时间。那么领取校服的地点写清楚了吗？学校那么大，到底在哪儿领取校服呢？如果把这个地点写具体了，就更明确了。

（3）这位同学把通知修改了一下，我们来看看。这样，通知就更明确了。

> 通　知
> 4月10日上午10点，请各班班长到学校阶梯教室，领取各班的新校服。
> 　　　　　　　　　　　　德育处
> 　　　　　　　　　　　　4月9日

*第二则通知：

(1)（出示：通知全班同学参观博物馆）有一位同学选择第二种情况写，我们来看一看。

> 通　知
>
> 4月20日下午2点，请全体同学到操场集合，去博物馆参观。
>
> 　　　　　　　　　　　　　三年级（4）班中队
> 　　　　　　　　　　　　　4月18日

(2) 大家认真读一读这个通知，你发现了什么呢？细心的同学发现，这则通知虽然写得很清楚，但是格式错了。通知的正文前面要空两格，像这样：

> 通　知
>
> 　　4月20日下午2点，请全体同学到操场集合，去博物馆参观。
>
> 　　　　　　　　　　　　　三年级（4）班中队
> 　　　　　　　　　　　　　4月18日

(3) 如何写好通知，老师编了一首儿歌，大家可以记下来。

念儿歌　写通知

时间地点写清楚

什么事情写明白

通知格式写正确

(4) 下面就请大家检查一下自己写的通知，发现了问题就赶紧修改。

【设计意图：抓住地点没写清楚和格式出错这两个易错点进行纠错点评，有针对性和指导性，《念儿歌　写通知》通俗有趣，能帮助学生记住写通知的要领。】

三、书写提示

1. 过渡：通知我们会写了，下面我们进入下一个板块：书写提示。

2. 大家看看这几个字，你发现它们有什么共同点吗？（这些字横画或竖画比较多）

3. 写好这类字要注意什么呢？我们来看看课本右侧泡泡里的提示。

4. 提示告诉我们，书写横画和竖画较多的字，要事先考虑好这些笔画的长短比例和距离，避免拥挤。

5. 观察横画。

我们看看这些字的横画，有的横画要短一些，比如"艳"左边的三横，"静"左边的横，"植"右半部分里面的三横，"霜"字"目"里面的横，"最"字下面的两横，"集"字上面的四横。有的横画要长一些，比如"静"右边的横，"舞"中间的横，"最"中间的横。一个字中并排的横画和横画之间的距离要均等。同学们看"艳、静、植、霜、最、捧"中的横画之间的距离是不是均等的呢？大家再观察一下被包围的横画，比如"植""霜""最"，你发现了什么呢？是的，被包围的横画，不要写得太满，留出一点空隙才好看。

【设计意图：包围结构里的横画如何书写，是提示中没有指出的，让学生发现包围结构中的横画不要写满，留出空隙，无疑是基于教材的很好的补充。】

6. 观察竖画。

我们再来看看这些字的竖画，有的竖画要短一些，有的竖画要长一些，比如"舞"最后一笔悬针竖要比上面的竖长，"最"字下面的两竖也是一长一短，而且并排的竖画和竖画之间的距离也要均等。你们看"扁""舞"两个字中并排的竖，是不是距离均等呢？

7. "植"和"舞"两个字一个横画多，一个竖画多，下面，老师带领大家写这两个字。（师范写，生书空）

8. 请大家把这8个字工工整整地写一遍，写之前要注意书写姿势。

四、日积月累

过渡：观看《杞人忧天》。（播放视频）

下面我们进入下一个环节"日积月累"。

邯郸学步　滥竽充数　掩耳盗铃

　　　　自相矛盾　刻舟求剑　画蛇添足

　　　　杞人忧天　井底之蛙　杯弓蛇影

1. 读准成语。

（1）请大家自己读一读这9个成语，不认识的字可以借助拼音。

（2）这几个成语中有不认识的字，请大家跟我再读一遍。

　　　　邯郸学步　滥竽充数　掩耳盗铃

　　　　自相矛盾　刻舟求剑　杞人忧天

2. 说故事。

（1）同学们，你们在哪里看过、听过这些成语故事呢？和同桌交流交流吧。

（2）交流好了吗？这些成语中，你们可能比较熟悉的有：

掩耳盗铃　刻舟求剑　画蛇添足　井底之蛙

这些成语背后的寓言故事都是有寓意的。

掩耳盗铃：比喻自己欺骗自己，明明掩盖不了的事偏要设法掩盖。

刻舟求剑：比喻拘泥成例，不知道跟着情势的变化而改变看法或办法。

画蛇添足：比喻做多余的事，反而不恰当。

井底之蛙：比喻见识狭小的人。

（3）其他的成语背后有着怎样的寓言故事呢？

（4）看了这些成语，你有没有想到生活中的人和事呢？你能不能结合生活实际填一填呢？

不懂装懂，就是（掩耳盗铃），那是一种自欺欺人的表现。

我们说话做事要言行一致，不要（自相矛盾）。

【设计意图：理解成语的寓意并能在生活中准确使用，是学习成语的最终目的。这个环节把寓言故事中的成语放入语境当中，让学生进一步理解成语的引申义，学以致用。】

（5）同学们，还有许多成语，背后都有一个有趣的寓言故事。大家可以课后查阅资料，了解了解。

五、布置作业

把"日积月累"中的成语背下来,并试着把背后的寓言故事讲给爸爸妈妈听。

板书设计:

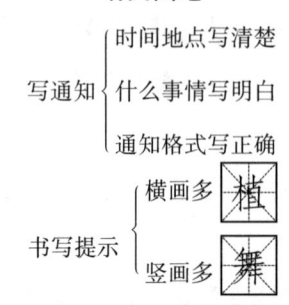

语文园地

写通知 { 时间地点写清楚 / 什么事情写明白 / 通知格式写正确

书写提示 { 横画多 植 / 竖画多 舞

日积月累——来源于寓言故事的成语

2017—2018年度
全国小语"十大青年名师"获得者
—— 张艳芬

　　特级教师。曾获得河南省优秀教师、河南省学术技术带头人、河南省名师、河南省教师教育专家等荣誉称号。2006年获全国教学艺术大赛一等奖，2018年被评为"全国十佳小语名师"。先后在长沙、重庆、成都、贵阳等全国各地上公开课、做报告。

颁奖词

她是小语教学的追梦人，
锲而不舍、不遗余力追求一节好课；
她是乡村教育的守望者，
二十年如一日行走在一所乡村小学里。

她，跋涉了许多路，
总是围绕着课堂；
她，吃过许多苦，
但呈现给孩子们的都是甜蜜。

情浓千般，唯念一事——小语教学！
志存千里，只为一事——小语教学！

——张学伟

《火烧云》教学设计

◆张艳芬

教学目标:

1. 有感情地朗读课文。背诵第3—6自然段。
2. 能抓住关键语句说出火烧云的特点,并能仿照文中描写火烧云的颜色、形状变化的语句尝试想象描写。
3. 能借助关键语句体会人们看到火烧云时的喜悦之情。

教学课时:

2课时

教学过程:

第一课时

一、读文段,发现语言规律

1. 指名读文段《祖父的园子》。

师:听说,我们班学生书读得特别棒,是这样吗?

师:我请四位同学来读,看你们到底读得怎么样?

出示:

> 倭(wō)瓜愿意爬上架就爬上架,愿意爬上房就爬上房。黄瓜愿意开一朵花就开一朵花,愿意结一个瓜就结一个瓜。若都不愿意,就是一个瓜也不结,一朵花也不开,也没有人问它。玉米愿意长多高就长多高,它若愿意长上天去,也没有人管。蝴蝶随意地飞,一会儿从墙头上飞来一对黄蝴蝶,一会儿又从墙头上飞走一只白蝴蝶。它们是从谁家来的,又要飞到谁家去?太阳也不知道。

2. 交流发现文段语言规律。

师：是的，大家读得声音响亮，字正腔圆。读了一遍就要读懂点什么，老师想问，你愿不愿意生活在这个园子里？为什么？

生回答交流。

师：我怎么看不见"自由"两个字？是哪些词语让你有这种感觉的？

生指出"愿意……就……"。

师：像他这样，读出了"愿意……就……"背后的意思，才叫读书！我们来数一数萧红用了几组"愿意……就……"。相似的句式用了整整7组，这可是萧红的写作秘密，她特别擅长这样写。老师提醒大家，这节课的学习一定注意一段话里反复出现的词语。

【设计意图：由萧红《祖父的园子》一文中的文段引入，朗读并发现"愿意……就……"这一写作规律，初步感受萧红的语言特色，为接下来的学习做好热身。】

二、识作者，联系引入新课

师：刚才我们读的这段文字作者是萧红，萧红是谁呢？你知道吗？

生交流。

师：萧红是著名的女作家，是民国四大才女之一，萧红小时候随祖父在哈尔滨呼兰生活过一段时间，后来她写了一本书《呼兰河传》，记录的就是她在呼兰生活的点点滴滴，《火烧云》就选自《呼兰河传》。老师问大家一个问题：我们课文中描写的火烧云是哪个地方的火烧云？

生交流。

师：文中说"这地方的火烧云变化极多"，"这地方"指的是哪里？

【设计意图：由萧红的简单介绍和《呼兰河传》引入新课，在唤起学生生活认知、引入新课的同时，为《呼兰河传》的整本书阅读做好铺垫。】

三、读词语，尝试运用

师：大家都预习过课文了吧，我们来看看文中的词语。

第一组：红彤彤　金灿灿　（　　　　）

师：读。读音准确，字正腔圆！你发现规律了吗？

生尝试说一说表示颜色的ABB式词语。

第二组：葡萄灰　茄子紫　（　　　　）

师：像葡萄一样的灰色，就叫——，像茄子一样的紫色就叫——，像柠檬一样的黄色就叫——，这些都是表示颜色的词语。你再说一个！

第三组：（默写）凶猛　威武　镇静

师：大家拿出笔，默写三个词语，第一个"凶猛"，文中说什么很凶猛？

师：默写第二个词"威武"，文中说什么很威武？

师：第三个词"镇静"，文中说什么很镇静？

第四组：模糊　一模一样

师："糊"这个字单独读二声，放在这个词里面读轻声。普通话当中有一类词，两个字连在一起表示一个意思，分开就没有这个词语的意思了，像这样的词语，后面的一个字往往读轻声。比如文中的葡萄、工夫。

师：谁来说一说"一模一样"？

生交流。

师：人工生产的衣服可以一模一样，可是，大自然中自然生长的树叶却没有两片是一模一样的；同学们穿的衣服可以一模一样，可同学们的脾气、秉性却没有一模一样的。

【设计意图：采用分组呈现的方式，引导学生在读准字音、理解词语意思的过程中仿写、积累词语，丰富学生的语言。】

四、抓重点，理清文章层次

1. 朗读全文，找到重点句。

师：什么是火烧云呢？你见过吗？谁能告诉大家，你是什么时候、在哪里见过火烧云？

生交流。

师小结：《现代汉语词典》里是这样介绍的，火烧云是指日出或日落时出现的红霞。

师：大家翻开书，朗读全文，看看萧红是怎样用一句话介绍火烧云的？

生交流找出。（天上的云从西边一直烧到东边，红彤彤的，好像是天空着了火）

师：评价一下，萧红介绍的火烧云和词典里介绍的、同学们介绍的火烧云，哪个更好，为什么？

预设1："烧"字很形象。

预设2："着了火"很生动。

师：天空是真的烧着了吗？是真的着火了吗？萧红用"烧、着了火"想要表现的是什么样的画面？

生想象画面，交流感受。

2. 朗读全文，理清层次。

师：大家想不想看看火烧云？（播放火烧云图片）怎么样？

生交流感受。

师：如果让你写火烧云，你会从哪些方面写？

生：颜色、形状。

师：萧红是从哪些方面写的呢？翻开书，大声朗读，看萧红是从哪些方面来写火烧云的？

生：第3自然段写了火烧云的颜色。（板书：颜色）

生：第4—6自然段写的是火烧云的形状。（板书：形状）

生：第1自然段写了霞光。（板书：霞光）

生：最后一个自然段写火烧云下去了。

师小结：我们看一下板书，萧红按照时间顺序从霞光、颜色、形状来写火烧云的，我们就按照萧红写的顺序，先来看"火烧云上来了"！

【设计意图：找出课文的中心句，在体会生动描写的同时，理清文章层次，从局部入手，联系全文，结合板书让学生清晰地看到文脉。】

第二课时

一、赏霞光，读中感受喜悦

1. 初读，读懂内容。

师： 老师先请一位同学读一读第1自然段，边读边思考：萧红明明写的是小孩子、大白狗、红公鸡、黑母鸡、喂猪的老头儿、小白猪，大家怎么说写的是霞光呢？

生： 是火烧云上来了，霞光给周围的事物带来的变化。

师小结： 原来，萧红没有直接写霞光，而是通过其他事物的变化来写霞光。

2. 对读，发现妙处。

师： 我们一起来读一读，老师读前半句，大家读后半句，边读边思考，这一段文字里是不是也藏着萧红的秘密，看你能不能发现。

生发现"变成……了"的反复使用。

师小结：《祖父的园子》一文里，萧红连续用7个"愿意……就……"让我们感受到自由自在。这一段里她又连续用6个"变成……了"，我们又能从中感受到什么呢？

3. 再读，体会喜悦。

师： 大家再来读一读，这次，我们分组读，一组一句。我们一边读一边想象，当你眼前出现画面时，你的内心一定涌动着一种感受，那种感受就是萧红通过文字要表达的情感。

师： 看，这个小孩子的脸红红的，那个小孩子的脸也是红红的，什么感觉？

师： 原来的大白狗变成红的了，什么感觉？

师： 原来的红公鸡变成金的了，什么感觉？

师： 原来的黑母鸡变成紫檀色的了，什么感觉？

师： 原来的小白猪变成小金猪了，什么感觉？

师： 原来老人家的白胡子变成金胡子了，什么感觉？

师：这样像慢镜头一样，一个镜头给小孩子，一个镜头给大白狗，一个镜头给红公鸡，红红的霞光就变得具体了，内心的喜悦也就具体了。大家再来读一读。

【设计意图：从内容入手，结合课前学习的文段，发现连用几个"变成……了"表达的情感更强烈，再通过想象画面感受霞光的神奇。】

二、赏色彩，理解背诵并仿写

1. 颜色多。

师：火烧云最吸引人的就是颜色，读一读，看呼兰这个地方火烧云的颜色有什么特点？

引导学生发现火烧云的颜色多。（板书：颜色多）

师：火烧云还有别的颜色吗？我们也来说一说吧！

师：大家说的颜色可真多，也真美，我们来挑战一下！

这地方的火烧云变化极多，一会儿_____的，一会儿_____的，一会儿_____，一会儿_____。_____、_____、_____，这些颜色天空都有。还有些说也说不出来、见也没见过的颜色。

2. 变化快。

师：会学习的孩子都有一双会发现的眼睛，这段文字中除写了几种颜色之外，还有其他秘密，你发现了吗？

引导发现用了4个"一会儿"。

师：在这4个"一会儿"下面画上着重号，读一读，萧红连续用4个"一会儿"向我们传递了怎样的信息呢？

引导发现火烧云的变化快。（板书：变化快）

3. 语言美。

师：现在有谁能背诵这段文字呢？我们班有位同学背书特别慢，谁能帮他，告诉他怎样才能快速背会这段话？

生交流。

师小结：看，红彤彤、金灿灿，是两个ABB式的叠词；半紫半黄、半灰半百合色，展现的是不同颜色糅合在一起的状态；葡萄灰、梨黄、茄子紫则用生活中的事物做比拟，这样分类呈现，再用4个"一会儿"联系起来，颜色多、变化快就写出来了，而且我们读起来也更有节奏感，这正是萧红的语言美！（板书：语言美）

【设计意图：抓住文中描写颜色的词语，引导学生练习仿写，再抓住4个"一会儿"体会火烧云的颜色变化快，在语言运用练习中感受火烧云的色彩美，最后再以背诵为话题，感受萧红的语言美。】

三、看形状，对比想象并仿写

1. 对比，引出话题。

师：我们班的同学也写了这样一段，怎么样，写得还可以吧？你给打多少分？

一会儿，天空出现一匹马；转眼，又来了一条大狗；过了两三秒钟，又来了一头大狮子……

生：不够具体，不够生动。

师：那应该怎样写具体、写生动呢？我们来看看萧红是怎么写的。

2. 对读，发现写法。

师：萧红是怎么写具体的呢？我们读一读就知道了。老师问，你们读，好不好？我们先做好准备啊！

那匹马是什么样的？（生读，并在下面画上横线）

那匹马是怎样变化的？（生读，并在下面画上波浪线）

那匹马是怎样消失的？（生读，并在下面画上双横线）

那条狗是什么样的？（生读）

那条狗是怎样消失的？（生读）

那头大狮子是什么样的？（生读）

那头大狮子是怎样消失的？（生读）

师：你发现了吗？萧红先写"是什么样的"，再写"怎么变化的"，接着写"怎么消失的"。

3. 仿写，发现想象美。

师：老师有一个问题，萧红真的在天空中看到了一匹马吗？

师：如果说颜色是萧红观察到的，那么形状则是萧红想象的。既然是想象的，天空的火烧云还可能像什么呢？大家想不想体验一下作家的感觉，拿出学习单，尝试写一写。（板书：想象美）

生仿写并分享交流。

【设计意图：对于三年级的学生来说，第3—6自然段，学生自己读一读，就能读懂意思了。这4个自然段在突出描写火烧云形状特点的同时，语言通俗、构段规整、描写生动、想象丰富合理，适合进行读写结合训练，因此，教师可以在引导学生理解、背诵的基础上进行段落的仿写训练。】

四、赏读文章，回顾美好感受

师：火烧云的颜色那么多，变化那么快，一会儿像这，一会儿像那，可是，火烧云偏偏是短暂的，一般只持续十几分钟。不过，我们可以通过文字重现火烧云的美，让我们再来读一读，能够背诵的段落尝试着背诵下来。

师：大家还想再看看火烧云吗？（再次播放火烧云图片）

师：越是身边常见的东西我们越是难以发现其美好，越是短暂存在的美我们越是想念，萧红以文学家的敏锐眼光发现了，以文学家的语言把这种美记录下来，让火烧云这短暂的美以文字的形式成为永恒的美。课后，同学们也可以尝试去发现这样的美，尝试用语言来记录下这样的美。

【设计意图：总结文本，再次朗读并尝试背诵，通过文字、画面两种方式重温美好，同时告诉学生，生活中这种美好的东西我们也可以尝试用笔记录下来，将学生的目光由课内引向课外。】

2015—2016年度
全国小语"十大青年名师"获得者
———— 鱼利明

乌鲁木齐市小学语文教研员,名师工作室主持人,乌鲁木齐市小语会会长,新疆师范大学研究生导师。乌鲁木齐市首批命名的青年名师,市级、自治区级两级教学能手。曾获第七届全国青年教师阅读教学大赛一等奖,近年受邀至北京、上海、深圳以及马来西亚等地讲学300余场。

谁是世界第一的帽子

——《方帽子店》教学设计

◆ 鱼利明

教学目标：

1. 继续学习带着问题默读课文。
2. 用自己的话复述最意想不到的部分。
3. 懂得世界一天天在改变，人们的思想观念也应该随着改变的道理。

教学重点：

懂得世界一天天在改变，人们的思想观念也应该随着改变的道理。

教学难点：

复述故事。

教学课时：

1课时

教学准备：

多媒体、绘本《世界第一的帽子》

教学过程：

一、课前猜图，设置悬念

请同学们观察几幅图片，猜一猜它们会是什么？

1. 出示绘本《世界第一的帽子》中形状各异的帽子的图片。
2. 学生预测。

这些奇异的图片到底是什么呢？留个悬念，我们等一会儿揭晓。

【设计意图：本课为略读课，在设计上巧妙地植入另一个有关帽子的故事。该故事是日本作家深见春夫所创作的绘本《世界第一的帽子》。故事写了在一座小城举办的帽子比赛中，千变万化的帽子陆续登场，与《方帽子店》一成不变的帽子形成了鲜明的对比。故事可读性极强，二者相互补充，对理解本课主旨有重要意义。本环节只出示帽子的局部图片，在猜测中激发阅读兴趣。】

二、开门见山，直奔主题

同学们，《方帽子店》的故事我们已经读过，你觉得这个故事要告诉我们什么道理？谁能在书中找到答案？

1. 学生回答。

出示：日子一天天地过去，世界一天天在改变，那些不舒服的方帽子，慢慢地成为古董。

2. 板书：改变。这个故事就是围绕"变与不变"展开的，如果让你来设计一顶帽子，你会考虑哪些因素？

引导、概括，随机板书：款式、颜色、舒适、功能……

瞧！帽子不就应该具有这些功能嘛，可帽子店的主人却不知道。就让我们一同走进故事中，去告诉方帽子店的主人这个连小朋友都懂的道理吧！

【设计意图：这则故事要告诉读者的道理一目了然，作为略读课，学生应该在初读后就能理解文章主旨，所以可开门见山，直奔主题。同时以"如果让你来设计一顶帽子，你会考虑哪些因素？"为话题，进一步明确帽子的真正功能和价值。】

三、研读深思，为何不变

请同学们默读第1—6自然段，从哪里可以看出方帽子店从来都不曾改变呢？

1. 学生默读勾画词语。

2. 学生汇报，出示关键语段。

◎这家帽子店从来没有做过别的帽子。

◎我们从来都是做方帽子，方帽子才是好帽子，不能改的。

抓住"从来"一词体会，方帽子店从未改变，也从未想过要改变。

◎他们圆圆的脑袋藏在方帽子里，紧的地方太紧，宽的地方太宽，冬天戴着不太暖，夏天戴着却热得满头汗。舒服吗？真不舒服！

抓住"真不舒服"体会，顾客从未改变，也从未想过要改变。

◎大人们总是这样回答："因为一直以来都是这样的。"

"大人们"既包括店家也包括顾客，是所有生活在这里的成年人。抓住"一直以来"理解，人们的思想保守、不愿改变。

【设计意图：一篇课文的主要内容往往是通过每个段落中的重点词句来体现的，抓住了反映课文内容的重点词句，引导学生分析和理解课文，就能达到启发学生思考、发展学生思维、理解课文内容的目的。】

四、深入探究，因何而变

请同学们继续默读第7—16自然段，是谁让帽子发生了变化？这些变化带来了什么？

1. 学生默读思考。

2. 汇报，出示关键语段。

◎小孩子们可不喜欢戴方方的帽子，他们喜欢用纸做出圆的、尖的、香蕉形的帽子，戴在头上，又舒服又漂亮。

◎"假如我们用布做成真的帽子……""那戴在头上就更舒服了。"

◎他们设法找到一些布，试着做了几顶圆帽子，像碗一样扣在头上，很舒服。

◎孩子们慢慢地长大了，想出了许多帽子的式样，碗形的、香蕉形的、圆筒形的……

分享交流，重点体会"可不喜欢""喜欢""又舒服又漂亮""假如"等词语，可以看出孩子们不愿墨守成规，喜欢创新。

3. 指导朗读人物对话。

对话一：小孩子和小孩子。体会改变从"假如"开始。

对话二：方帽子店的主人和儿子。体会儿子是否真的"不懂事"。

【设计意图：方帽子店主人的固执，增加了一个功能人物"儿子"，而"儿子"是前面"孩子们"中的一个。以父子之间的冲突为典型凸显了旧（保守）和新（改革）的冲突。】

五、再读感悟，变与不变

请同学们继续默读第17—21自然段，不变的最后怎样了？变了的又怎样了？

1. 学生默读思考。

2. 汇报，出示关键语段。

◎专卖从不改变的方的好帽子。

◎专卖各式各样的舒服的好帽子。

分享交流，重点体会"从不改变""各式各样的""舒服的"等词语，说一说如果你是顾客你会怎样选择？

◎他们在两家的橱窗前看了好久，最后还是进了新帽子店。

"看了好久"他们心里会怎样想？体会人们已经开始接受改变。

◎日子一天天地过去，世界一天天在改变，那些不舒服的方帽子，慢慢地成为古董。

这里的"古董"指的仅仅是方帽子吗？

3. "方帽子店的主人气得几乎昏过去！"如果你是善意的顾客你会怎样劝说方帽子店的主人？

【设计意图：通过"变与不变"结果的对比和"劝说"话题的设置，突破教学难点，让学生懂得世界在一天天改变，人们的思想观念也应该随着改变的道理。此处的"古董"已非原意，指的是不合时代潮流、思想固执的人。】

六、回归整体，复述故事

这个故事寓意深刻，值得我们讲给身边的人，可是故事有点长，怎么才能讲好呢？细心的同学已经发现了，刚才我们围绕"变与不变"的话题，把这个故事分成了三部分，请看下表：

	不变	变	变与不变
关键人	方帽子店主人、小孩子	小孩子、儿子、方帽子店主人	方帽子店主人、新帽子店主人
关键词	从来、真不舒服、一直	可不喜欢、喜欢、又舒服又漂亮、假如	后来、各式各样、方方正正、不舒服、古董

1. 自由组织语言，任选一部分根据提示练习复述。

2. 现场复述。（可同时叫三位同学进行接龙复述，构成完整的故事）

【设计意图：这个故事篇幅较长、内容较散，不好复述，但是用板块切割的方式，抓住"不变—变—变与不变"的行文过程，大大降低了复述的难度。】

七、千奇百怪，意想不到

如果你是新帽子店的主人你会怎样让自己的帽子店的生意越来越红火？（学生回答，提炼语言）那就是要不断推陈出新，设计出更美观、更舒服，当然还有可能是最意想不到的帽子来。

1. 出示课前猜图。（绘本《世界第一的帽子》中的各式各样的帽子）

2. 继续阅读绘本。

3. 如果你是帽子设计师，请你设计一顶帽子，画一画，再说一说你的帽子最让人"意想不到"的地方。

4. 现在我们把所有的帽子放在一起（《方帽子店》中的帽子、《世界第一的帽子》中的帽子、学生设计的帽子），你是顾客，你会选择哪一顶帽子呢？

【设计意图：阅读绘本，体会"意想不到"，创作帽子，让他人"意想不到"；进行大胆地创作，把自己放进故事中体会神奇的想象和有趣的情节。】

下课前,老师想和你们探讨最后一个问题:《方帽子店》的故事中小孩子的出现起什么作用?为什么改变是从小孩子开始?

学生自由回答。

总结:小孩子有着"异想天开"的天真和"不走寻常路"的顽皮,他们不会像大人一样墨守成规,他们敢于突破,敢于变化。所以,亲爱的同学们,你们都是创造"变化"的人。

2018—2019年度
全国小语"十大青年名师"获得者
——宋 斌

高级教师。秉承"静水深流，水到渠成"的人生态度与教育理念，致力于小学语文实践研究，先后获得全国第八届小学语文青年教师阅读教学大赛一等奖，全国首届青年教师作文教学大赛二等奖，辽宁省小学语文教师素养大赛第一名。被评为辽宁省优秀教师、辽宁省教学名师、辽宁省学科带头人、沈阳市首席教师、沈阳市名教师、沈阳市骨干教师、沈阳市优秀班主任。受邀赴全国各地交流、执教几十场，均获得一致好评。

颁奖词

宋斌，辽宁省实验学校。辽宁省优秀教师，辽宁省教学名师，辽宁省学科带头人，辽宁省小语会理事，沈阳师范大学研究生实践导师。

他努力建构并实施既包含基础能力，又具有顶层的精神价值引领，融序列化、融合化、经典化、实践化、趣味化为一身的语文"启明星"课程。

在阅读教学实践中，渐渐形成独具特色的语文教学风格，以"醇和""醇厚""醇美"三个不同维度还语文本真。在作文教学的探索中，逐步建构了作文序列化课程，形成了基于学生成长需求的习作训练系统。

他以尊重为底色，坚守学生本位、学科本质、学堂本真的价值追求，为学生语文核心素养的形成服务。

《走月亮》教学设计

◆ 宋　斌

教学目标：

1. 认识"鹅、卵"等8个生字，会写"淘、牵"等15个生字。

2. 有感情地朗读课文。

3. 能边读边想象课文中描写的画面，和同学交流印象最深刻的一个场景。

4. 能仿照课文第6自然段，写自己经历过的某个月下情景。

教学课时：

2课时

教学过程：

一、谈话导入，质疑激趣

1. 开展话题交流：你欣赏过夜晚的月亮吗？它带给你怎样的感受？

2. 板书课题。指导学生齐读课题。这个题目有趣吗？同学们有什么问题想问吗？

例如：什么是走月亮？为什么叫走月亮？……

3. 同学们的疑问在课文中都可以找到答案。

【设计意图：从谈话开始，为课文的学习定下感情基调；引导学生对课文题目进行质疑，激起学生的阅读兴趣，确保学生在最短的时间内进入学习状态。】

二、初读课文，自主学习

1. 请大家先自由读文，圈画出不认识的字。

2. 小组合作，借助拼音读准生字。

3. 夯实生词，引导学生认读反馈。

鹅卵石、风俗、跃出、闪闪烁烁、坑坑洼洼、庄稼、葡萄

4. 指导生字书写。

（1）指导书写左窄右宽的生字：坑、洼、填、俗。引导学生认真观察左右两部分的比例和位置。学生书写练习。

（2）指导"淘""萄"两个生字，引导学生进行字形辨析，学生书写练习。

【设计意图：到了第二学段，识字写字可以放手让学生自主学习，学习后的反馈要有实效性，指导有针对性。指导书写环节，重在引导学生运用识字方法进行自主识写。尊重识字写字的规律，应该成为教师关注和指导的重点。】

三、快速默读，解决质疑

1. 请大家快速读文，边读边想：说一说什么是走月亮，为什么叫走月亮。

2. 学生交流，教师相机介绍云南地区走月亮的习俗。

走月亮是我国南方地区的习俗，人们常在有月亮的晚上到户外月光下游玩、散步、嬉戏。

【设计意图：从儿童的阅读视角出发，尊重阅读者的独特体验，让他们在实践中去发现，从而建立更稳定、更持久的学习兴趣。】

四、默读课文，概括内容

1. "走月亮"就是阿妈牵着"我"的手在云南洱海畔的月光下散步的场景。可是阿妈牵着"我"的手都走过了哪里呢？

2. 学生交流，教师梳理指导。（溪边、村道、田埂……）

3. 这就是"我"和阿妈在月光下依次走过的地方，当我们把这些地方连在一起时，这就是课文的主要内容。请大家试着说一说。

4. 将课文中变化的地点连接起来，这不失为归纳主要内容的一种好方法。大家可以在概括文章或句段时运用这种方法。

【设计意图："概括"对于四年级学生来说既是重点，又是难点，在学习概

括的起始阶段，要通过反复实践，引导学生从感性认识变为策略运用。巧妙地借助文章的特点，引导学生进行主要内容的概括，减缓学习坡度。】

五、品读课文，想象画面

1. 边读边想象文中语句所描绘的画面。

2. 学生自由汇报，教师相机梳理总结："月亮升起图""月下溪边图""月下田园图""月亮牵星图"。

【设计意图：从阅读规律出发，引导学生在品读文字的过程中想象画面，并对画面进行概括。】

六、深入研读，丰富画面

1. 默读课文，选择印象深刻的画面并批注原因。

引导学生勾画优美生动的词句，联系生活，调动多种感官，边读边想象画面。

2. 学生交流过程中，教师引导学生运用抓关键词、想象画面、结合生活经验、情境体验、戏剧表演、调动多种感官等方式研读课文。

预设1："月亮升起图"

（1）在洱海边，月亮徐徐升起。你们去过云南洱海吗？大家看，这就是洱海。

（2）出示洱海资料，学生借助图片、文字，感知洱海。

（3）月光下的洱海更显迷人，作者都写了洱海的哪些景物呢？（点苍山、大青树、大道和小路）

（4）作者是怎样将洱海边的景物写得这么美的呢？指导学生品味4个含有"照亮了"的句子，并引导学生跟随"点苍山""大青树""大道和小路"的景物变化，在脑海中切换不同的画面，进一步指导学生按照由远及近、从上到下的顺序展开想象，感受月夜的明亮和柔和。

（5）有感情地朗读课文。

预设2："月下溪边图"

（1）创设情境：我们也随着阿妈来到溪水边，月下的溪水好美。作者将不同的景物巧妙地融汇在一起，构成了一幅充满诗意的、灵动的、令人向往的"月下溪边图"。如果置身其中，我们将调动自己的哪些感官去体会、感受这美好呢？

（2）学生自由表达。教师相机引导学生回归课文，从课文中探究作者不同的体验视角：眼中所见、鼻中所闻、心中所想。

（3）运用戏剧表演方式，体会作者创作的巧妙，丰富眼前的画面。学生分别扮演眼睛、鼻子、心灵，展开想象，进行表演。

（4）采访"角色大咖"表演时的感受，请其他同学为他们的表演内容起一个名字。例如："溪水流香""水塘抱月""洗衣做船"，帮助学生理清第4自然段的主要画面。

（5）引导学生选择喜欢的一幅画面，朗读语句，想象画面，在语言实践中感受月夜的祥和。

预设3："月下田园图"

（1）第6自然段中，作者同样调动了多种感官。请你默读语段，找找看：作者调动了哪些感官，勾勒出哪些画面。

（2）学生交流学习成果。

（3）进一步引导学生通过读一读，结合文章内容，为脑海中浮现的画面取一个名字，如"修补村道""虫唱鱼跃""果园飘香""种菜栽稻"。

（4）学生自主选择喜欢的一幅画面，有感情地朗读，并交流自己的感受。

预设4："月亮牵星图"

（1）抓住4个"走过"进行品读：边读边想象画面。

（2）引导学生展开想象：阿妈牵着"我"还走过了哪里？创设情境，运用戏剧表演方式加深体验。

（3）结合插图，引导学生理解"阿妈就是天上的月亮"，读出"我"和阿妈之间的浓浓亲情。

【设计意图：把阅读的选择权交给学生，让学生从自己真实的情感体验出发，选择研读资源，为他们能够更有效地进行言语实践服务。本单元的任务是：边读边想象画面，感受自然之美。围绕这一核心任务，教学设计层层推进，为学生的想象提供抓手，提供解决路径，确保最终达成目标。】

七、提取线索，破解"密码"

1. 思考：课文用什么将不同的画面串联了起来？

2. 体会"我和阿妈走月亮"这个句子在课文中的作用。

【设计意图：作者用"啊，我和阿妈走月亮"串联全文，一咏三叹，让画面有了流动感。抓住文本表达的这一特点，是引导学生整体把握课文的关键。】

八、读写联动，链接生活

1. 出示练笔内容：读读课文第6自然段，说说"我"的所见所想。你还记得月下的某个情景吗？仿照句子写一写。

2. 结合第6自然段，口头练说月下的某个情景。

3. 引导学生展开评价，并进一步完善。

4. 组织学生写月下的某个情景。

5. 分享练笔。

【设计意图：这一练笔的着力点是现实情景与引发联想的有机结合。值得关注的是，题干中的"所见"可以有更宽泛的理解，不只是用眼睛看，还可以用耳朵听，用鼻子闻，多种感官合作完成的体验。而"所想"指由现实情景引发的一些联想。在评价的过程中，要从"有没有比较真切地写出了现实的情景""有没有进行一些联想"两个方面进行。】

九、朗读佳句，拓展延伸

1. 配乐朗读课文中优美生动的句子。

2. 出示有关"明月"的古诗名句，学生朗读。

【设计意图：在读通读懂文章的基础上，以"配乐朗读"作为情感升华的路径，体现了语文学习的规律。"古诗拓展"打开了学生的阅读视野，丰富了学生的语言积累，促进了学生的情感升华。】

2017—2018年度
全国小语"十大青年名师"获得者
———李　虹

　　高级教师。长沙市卓越教师学科带头人,全国小学语文教师素养大赛一等奖及朗读最佳奖获得者,湖南省普通话测试员,被聘为教育部"一师一优课、一课一名师"评审专家,教育部"国培计划"湖南省语文学科专家团队成员。曾赴安徽、贵州、江西、江苏等地送教送研上百次。

颁奖词

　　她，在小学语文教学这条路上走过了29年，却仍以儿童的姿态欢脱地奔跑着。她以痴迷抒写对语文教育事业的热爱，以智慧和才情浇灌课堂，给三湘四水的老师们送去深研文本、为学而教的一堂堂精彩课例，赢得大家的一致称赞。当终身学习已成为一种习惯，当教育创新已成为一种常态，她一直永葆职业的"青春"，贪婪地追求着教育的春天！她，就是湖南大学子弟小学——李虹老师。

——吴亚西

《小小"动物园"》习作教学设计

◆ 李 虹

教学目标:

1. 留心观察,发现家庭中每位成员的特点。

2. 运用绘本引路、句式练习、思维导图等方式,展开丰富的想象,找到家庭成员的特点及和动物的相似之处。

3. 通过绘本阅读、教师"下水文"等方式,学习如何用具体事例来写人,写出人物的特点,并在字里行间表达对家人的爱。

4. 尝试换一个角度写人,感受创造性表达的乐趣。

教学课时:

1课时

教学过程:

一、猜谜导入,关注动物特点

你喜欢动物吗?了解动物吗?那好,老师考考你,这是什么动物?

(1) 课件出示谜面:

个子高,脖子长,脑袋顶到云朵上。

扯块夜空做衣裳,披了一身星星亮。

追问:谁来猜,为什么是长颈鹿啊?证据是什么?

(2) 再来个长点儿的谜语:

每次到动物园,最想看的总是它。

它全身都是条纹,有点儿像西瓜。

那些条纹有多少?试着去数数它。

没想刚数到一半,就已经头昏眼花。

追问：谜底是什么？哪个证据暴露了它是斑马？

【设计意图：猜谜，不仅是为了激趣，更是通过追问引导学生关注动物的特点，为学生学习借动物的特点来写人做好铺垫。】

二、悦读绘本，初试"用动物写人"

（一）继续猜谜，关注特点。

1. 课件出示谜面：一头金发蓬松松，脾气暴躁别乱惹，大吼一声地也抖。

2. 追问：它是谁？证据是什么？（相机小结：外形为证，脾气为证，声音为证）

（二）揭示谜底，引出人物。

1. 看来真是证据确凿，那就一起把它叫出来吧——

2. 课件揭秘，画风突变——"我妈妈"。

3. 咦？明明像狮子，可谜底怎么是"我妈妈"呢？谁来说说原因？

课件出示句式，练习说话：

我的妈妈是狮子，因为_____。

（相机评价：外貌像，声音像，动作像，性格像……）

4. 共读绘本故事《我妈妈》。

5. 讨论：在这个绘本中，妈妈变成了什么？作文中，我们平时用的最多的是拟人手法，把动物当作人来写，这里却倒过来，把人当作动物写，有什么好处？

（三）句式练习，展开想象。

1. 课件出示句式：

我的_____是_____（动物），因为_____。

2. 要求：想想你的家人像什么动物？证据是什么？描述得最像、最有意思的同学，可以获得——脑洞大开奖。

3. 讨论：要想获奖，你们觉得关键是什么？

相机小结。（板书：抓住特点想象）

4. 指名说，集体评议。

评价标准：是否写出家人的特点，是否抓住了动物与人物的相似之处。

【设计意图：绘本《我妈妈》是个例子，让学生初知"把人当成动物写"，趁热打铁提供"我的_____像_____（动物），因为_____。"这样一个句式进行语言训练，为学生架起抓住家人与动物的相似之处的桥梁。】

三、思维导图，建立"动物家园"

1. 激趣：光变一个家人，太孤单了吧，咱们接下来玩得大点儿。（板书：我家是个动物园）

2. 怎么变？（指名读课件要求：先想一想，你的家人和哪些动物比较像？什么地方像；再完成思维导图）

3. 学生完成思维导图后指名上台展示导图，集体评选"最佳园长奖"。

评价标准：是否找准了家人与动物的相似之处；找到的动物是否有新鲜感，是否准确；抓住的特点是否有趣。

【设计意图：一张思维导图作支架，让学生拓展的不仅是家庭成员的人数，更重要的是引导学生从外貌、性格、喜好等不同方面，来思考人物和动物的相似点，拓宽选材，初步搭好本次习作的框架。】

四、共读绘本，学习"以事写人"

（一）绘本引路，学习以事写人的方法。

1. 学习方法一：一件事，具体写。

（1）课件出示绘本改编的下水文一：

　　我叫祥太，是个小男生，其实呢……

　　我是只小猴子，吃起香蕉来，啊呜啊呜两口，香蕉不见了；爬起树来，蹭蹭蹭蹭几下，我就不见了。

　　家门口的那棵老槐树，就是我的猴窝。那次，我不小心又把妹妹惹急了，没等她的踢人功发功，我随手抓起一根香蕉往口袋里一塞，就冲出了家门，双手环抱树干，两脚一勾、一蹬，再抓住那根横生的树杈，一荡，就爬到了树上。我骑上一根能倚靠的丫杈，剥开香蕉，朝着树下直跳的妹妹做个鬼脸，哈哈。

（2）集体评议，总结写法。

讨论：祥太说自己是什么动物？像吗？你为什么觉得像极了？

小结：一件具体生动的事情，能把人物的特点展现得更鲜明。李老师给这个法宝编了个口诀：一件事，具体写。

2. 学习方法二：三件事，分别写。

（1）课件出示绘本改编的下水文二：

这是我妹妹，茜茜，其实呢……

她是只小白兔，最爱竖起耳朵听别人说话。

讨论：祥太说妹妹是什么动物？证据呢？猜猜看，为了体现这个特点，证明妹妹就是只长耳朵的小白兔，祥太会举什么事例？

（2）课件继续出示绘本改编的下水文二：

每次在屋内玩"听脚步，猜人物"游戏，妹妹总是拿第一！

妈妈拿着我的10分试卷，把我骂得狗血淋头时，不用说，我知道，妹妹一定在窗下幸灾乐祸地听。

"滋滋滋……"厨房里真热闹呀——妹妹竖起耳朵一听，用鼻子一闻，立马大叫："呀！今天吃牛排！"

讨论：数数看，祥太用几件事介绍了妹妹的长耳朵？

小结：这一招，叫——三件事，分别写。

3. 学习方法三：多件事，排比写。

课件出示绘本改编的下水文三：

这是我妈妈，明美女士，其实呢……

她是只大浣熊。不管看到什么东西都马上收去洗。

你瞧，妈妈每天都会大搜罗：

（分组读）爸爸的脏裤子，洗了！

妹妹的花裙子，洗了！

爷爷的长外套，洗了！

奶奶的晚礼服，洗了！

好吧，连缩在一堆脏被套中睡着了的我，也被丢进了大木盆，洗了！！！

讨论：为了证明妈妈是只大浣熊，作者用得最多的是哪两个字？这么多次"洗了"叠在一起，让我们看到了一个怎样的妈妈？

小结：我们还可以抓住一个特点，用多件事来证明，这一招，叫——多件事，排比写。

4. 讨论：一起来回忆一下，祥太家的动物园都有谁？同学们怎么就记得那么牢？还记得我们刚刚总结的用事来写人的3个法宝吗，分别是什么？

小结：通过一件件生动的趣事，让我们记住了一个个特点鲜明的人物。

（板书：动物家人趣事多）

【设计意图：三段由绘本改编的下水文，给学生提供了写作的范例，同时在交流中教给学生本次习作的三个精准知识点：一件事，具体写；三件事，分别写；多件事，排比写。】

（二）片段作文，尝试运用以事写人的方法。

1. 激趣：学了不用，等于白学。接下来，就是我们的操练时间啦。

2. 要求：从自己的思维导图中选一个你最想介绍的家人，抓住他的一个特点，任选一个写作法宝，写一段话。注意，抓住特点展开想象，选择的趣事要能突出特点。

3. 指名分享习作，评选"妙笔生趣奖"。

评价标准：特点鲜明，事例突出。

五、总结写法，拓宽描写家人角度

师： 亲爱的同学们，今天这节课我们学会了什么？

学会把人写成"动物"，好！但仅仅学会这一点，老师觉得还不够，我希望你们能够从这次习作中发现，换一种角度，我们能把人写得更有意思，所以，除了把家变成动物园，咱们还可以把家变成什么呢？（小小"植物园"、小小"游乐场"……）

回家后，大家可以按照教材上的要求，把这篇《小小动物园》接着写完，也可以另辟蹊径，用另一种角度来写自己的家人。

【设计意图：用动物写人，拓宽了学生的写作视角。在此基础上，如果能进一步激发学生的想象，让学生去思考还可以从哪些不一样的角度来写人，更能拓展学生的思维。】

教学板书：

小小"动物园"

抓住特点去想象　　⎧ 一件事，具体写
动物家人趣事多　　⎨ 三件事，分别写
　　　　　　　　　⎩ 多件事，排比写

2016—2017年度
全国小语"十大青年名师"获得者
—— 朱 煜

　　高级教师。华东师范大学硕士研究生兼职导师，中国教育学会名师巡讲团特邀讲师。上海市写作学会会员，中国吟诵学会会员。曾获全国小学语文教师素养大赛特等奖、上海市园丁奖、全国小学写作教学名师等称号。近年致力于小学语文单元整合教学的研究。

颁奖词

朱煜，我称他为"大仓老师"。他，在讲台上站了26年。兢兢业业，勤勉有加，苦苦摸索，成绩骄人。让人欣喜的是，他，潜心研究，著书立说，把经验惠及我们以及大家。希望他在讲台上继续站下去。因为，我们，都需要他。

——贾志敏

《雪梅》教学设计

◆ 朱　煜

教学目标：

1. 诵读古诗，了解古诗大意。
2. 体会两首古诗的异同和哲理趣味。

教学课时：

1课时

教学过程：

一、诵读古诗，感受韵味

（出示古诗）

雪　梅

［宋］卢　钺

梅雪争春未肯降，

骚人阁笔费评章。

梅须逊雪三分白，

雪却输梅一段香。

1. 学生齐读古诗。

2. 教师示范读古诗，讨论：你们发现同学们的读法和老师的读法有什么不同？

预设：老师读出了停顿。

　　　老师有些字读得短促，有些字读得长。

3. 讲解：读古诗，可以两个字两个字一停顿，二四六位置上的字如果是平声（通常是普通话里的第一、第二声）就要拖长音读。如果二四六位置上的字是仄声（通常是普通话里的第三、第四声）就要读得短促些。

4. 逐句指导学生读。学生仿读。

5. 齐读古诗。

【设计意图：我们在学习诗词歌赋时，通过吟诵的方式，更能深刻体会其精神内涵和审美韵味。教师示范诵读，让学生自主发现格律诗诵读的基本方法，即两字一停顿，平长仄短（第二、四、六位置上的平声字读长，仄声字读短）。教师先下力气指导学生读好第一句，学生通过聆听模仿，初步了解吟诵方法。掌握方法后，举一反三，学生很快就学会读剩下的几句。】

二、情景对话，理解诗意

1. 同学们，通过诵读，你们看到了怎样的雪？怎样的梅？

引导学生从不同角度讲述自己对梅和雪的感受。

2. 梅和雪是怎么争的？它们会说些什么呢？

引导学生根据诗意合理想象。

3. 雪和梅你争我抢，都想成为春天的使者，所以，叫作争春。它们彼此都不愿服输，所以，诗里面有三个字写它们不服输，是哪三个字？

学生回答：未肯降。

4. 这下，可难坏了诗人。诗人一边看着梅花，一边看着雪花，不知道应该说哪一个好，想来想去，终于想出了一个主意。我请一位同学来扮演诗人，看看诗人是怎么评判的。

引导学生根据诗意来评判。

预设：梅花，你虽然散发着芳香，但是你还差雪花的一方洁白。雪花，你虽然有洁白的身姿，但是你差梅花一缕芳香。

【设计意图：古诗词讲究"意象"，"举象"是古诗词教学中常用的教学方法。所谓"举象"，就是抓住抽象的语言文字，通过对古诗意境、内容、情景展开丰富想象，达成对"意象"的精研和体味。学生只有在头脑中有了深刻的印象，才能从语言中领会深意，再通过已有的语言积累或课堂生成的语言智慧，把深意表达出来。我在"你们看到了怎样的雪，怎样的梅？"这一问题的基础上，适时抛出"梅和雪是怎么争的，它们会说些什么呢？"两个问题，让学生化身"梅""雪"，想象它们争春的情景，在对话中入情入境。最后，请学生化身诗人去评判就顺理成章，而评判的过程就是学生阐述诗意的过程。】

三、辨析关键，加深理解

1. 原来梅和雪争来争去是有原因的，梅比雪多了一段香，雪比梅多了几分白。这里有个"逊"，逊，就是少了。少了"三分白"，那么，满分是多少？

预设：十分。

如果雪是十分白，那梅呢？

预设：七分白。

2. 那么"一段香"到底是多少香呢？大家来猜猜看。

预设：十分香。

一棵梅花树所有的香味。

冬天里的香味。

【设计意图：通过对"三分白""一段香"的理解，教给学生一种诗意的思维方式，即"它是形象思维、直觉思维、情感思维、整体思维、创造性思维的协同与整合"（王崧舟老师语）。】

四、拓展古诗，运用生发

（出示古诗）

雪梅（其二）

[宋] 卢 钺

有梅无雪不精神，

有雪无诗俗了人。

日暮诗成天又雪，

与梅并作十分春。

1. 现在我们再来读读《雪梅（其二）》。

2. 当梅与雪争执不下的时候，出现了一个第三者。这个第三者是什么？

预设：是"诗"。

大家能不能用上"有……没有……就……"的句式来说说呢？有什么没有什么就会怎么样。

通过句式练习，帮助学生理解诗意。

3. 现在再读读这两首诗，能产生什么新的想法吗？

学生齐读，然后交流感受。

【设计意图：《雪梅》是哲理组诗。"文贵自得，书忌耳传"，我希望学生在言语实践中感悟诗中蕴含的哲理，因此我让学生用"有……没有……就……"的句式，选择诗中的事物随意组合进行说话练习，用追问和补白提升学生的思维能力，用激励法激发学生的表达欲望。孩子们的创作灵感被激发出来了，说出来的话也就像诗一样。课的结尾，孩子们畅谈自己的想法，不知不觉间，就洞悉了诗心。】

2017—2018年度
全国小语"十大青年名师"获得者
—— 徐 颖

高级教师。重庆两江新区小学语文教研员,重庆市骨干教师。先后在第七届全国青年教师课堂教学大赛、中国教育学会小学专业委员会首届全国课堂教学大赛中获一等奖,部编教材首届全国观摩课第一名课例指导奖获得者。

颁奖词

在网络投票的过程中，徐颖的学生家长把她叫作"刚需"教师。的确，她一直以一种自然生长的节律执着于教学研究和个人成长，很慢，但很扎实。这个过程中最重要的元素有三：个人发自内心对语文的热爱以及持续不断的积累；高规格任务平台展示激发的爆发式进步；系统理论学习带来的思想突破与深度研究能力。祝贺徐颖老师！希望她的入选能激励更多优秀的语文老师成长为我们这个时代需要的"刚需"教师。

——张咏梅

《牛和鹅》教学设计

◆ 徐 颖

教学目标：

1. 学习课文的批注示范，掌握批注的基本方法：在哪里批注，怎么批注。
2. 体会课文中的重点语句，练习从不同角度去思考，学习做批注。
3. 通过批注阅读，了解课文内容。

教学课时：

2课时

教学过程：

一、整体感知，学习批注

（一）读课题，对比思考，激发学习兴趣。

1. 读课题，对比着想一想，你对这两种动物的印象有什么不同？

2. 作者小时候，家乡的人们是怎样看牛和鹅的不同的？请读第1自然段，说说你的感受。

（二）读批注，学习"在哪里批注""怎么批注"。

1. 有一位读者和同学们一样，读到这儿时提出了自己的想法，并将其写在了课文的旁边，这就叫批注。读一读第1自然段旁边的一句话："事情真的是这样吗？"这位读者写下的是什么？（自己的疑问）

2. 读着这篇课文，他还有哪些感受呢？请快速读完整篇课文，看看文中还有哪些批注，都写了些什么。（自己的感受）

3. 今天我们也用这样的方式一边读书，一边思考，把感受批注在相应的课文内容旁边，看看以批注的方式来阅读可以有些什么收获。

【设计意图：学习批注，学生首先需要学会"在哪里批注""怎么批注"。这是对批注知识的初步认知。为了达成这样的学习目标，教学设计了两个层次：一是借助题目中两个动物的差异，唤醒学生的生活记忆，让学生有话可说，有感而发，生成批注的内容；二是联系课文中的示范批注，帮助学生了解批注的形式。这样，学生就在情境中不知不觉地开始了对批注的学习。】

二、重点品读，操练"批注"

（一）品读重点句一，初步练习批注。

1. 出示句一：有的孩子还敢扳牛角，叫它跪下来，然后骑到牛背上去。

2. 读句子，写一写生字"扳"。从字形结构中你能猜出它的意思吗？文中孩子们扳的是什么？你有怎样的感受？快把你的感受写在课文的旁边，这就是你的批注。（老师根据学生的批注，相机板书：不怕）

3. 学习小结：读到"扳牛角"，大家一定有想说的，并将其写在了课文的旁边，这就是批注。批注难吗？我们继续边读书，边思考，边批注。

（二）品读重点句二，练习从两个角度批注。

1. 出示句二：这时，带头的那只老公鹅就啪嗒啪嗒地跑了过来，嘎嘎，它赶上了我，嘎嘎，它张开嘴，一口就咬住了我当胸的衣襟，拉住我不放。

2. 句子中有两个象声词"啪嗒啪嗒""嘎嘎"，你能读好吗？把这两个象声词放回句子里再读一读，你有什么感受？把你的感受批注在旁边。（引导学生感受老公鹅的大胆和嚣张）

3. 生字词"衣襟"是什么意思？"当胸的衣襟"又在哪里？想象一下如果有一只鹅咬住了你"当胸的衣襟"，你有怎样的感受？把你的感受批注在旁边。（引导学生感受"我"的害怕）

4. 读到这儿你都写了哪些批注，相互交流。（老师相机板书：怕）

5. 学习小结：通过交流，我们发现同学们的批注不仅写了自己对鹅的感受，也体会到了"我"的心情。同一句话，可以从两个角度批注，我们的感受更丰富了。

（三）品读重点句三，练习从多个角度批注。

1. 出示句三：金奎叔是个结实的汉子，他的胳膊比我的腿还粗。

2. 读句子，感受金奎叔的结实。

3. 找到文中描写幼年的"我"的句子，读一读，感受"我"的弱小。

4. 同一只鹅，在面对金奎叔和"我"时有什么不同？面对同一只鹅，金奎叔和"我"的态度又有什么不同？请你边读，边思考，把想法批注在课文旁边。

5. 交流分享。（引导学生从不同角度思考、批注）

6. 学习小结：这次交流，大家批注的内容更丰富了。看来思考的角度越多，我们的感受就越多。回头想想，我们是怎么一步一步学习批注的。首先，我们要关注自己印象深刻的句子，把它们勾画出来，再标出句子中的关键字词。然后，我们把自己的感受或疑问写在旁边，还要提醒自己，可以从不同的角度去思考，这样我们的批注就更丰富了。

【设计意图：学习批注，除了学习批注的一般形式，学生还应该关注批注背后的思考方法。教学中，教师选择了生字词相对集中的3个句子，结合对生字词的理解，引导学生从有感受到从两个角度去感受，再到从多个角度去感受，逐步引导学生，让批注的内容更加丰富。简言之，对批注能力的训练是结合课文内容，通过思维训练来达到目的的。】

三、理解感悟，掌握"批注"

（一）阅读全文，自由批注。

你还想读一读故事吗？看看你还会有哪些感受，批注在课文旁边。

（二）交流批注，理解故事。

1. 说说你又写下了哪些批注。（用评价继续引导学生关注批注的角度）

2. 想一想，在大家谈到的"怕"与"不怕"的转换之间，童年的这件事情到底给了作者什么启示？为什么"直到现在，我还记着金奎叔的话"呢？

（三）总结方法，拓展阅读。

1. 今天，我们是怎么读懂这么长的课文的呢？看来批注、记录自己的思考，能帮助我们更好地理解课文。想一想我们批注的过程，把批注的方法牢牢记在心里。

2. 作者重点讲了他和一只鹅的故事，课后的阅读链接中补充介绍了牛，你想读一读吗？请你也用上批注的方法，你的收获一定会更多。

【设计意图：从情境引入初步学习批注，到围绕3句话走进故事，练习批注，再到总结故事、总结批注的方法与作用，本课教学中思维训练和文本理解始终是交织在一起的两条线索。文本理解为明线，符合孩子阅读的认知规律；思维训练为暗线，帮助学生建构起批注的方法。最后，教学引导学生由课内走向课外，让学生在反复的批注阅读中掌握批注的阅读方法。】

板书设计：

牛　和　鹅
不怕 ↔ 怕

2019—2020年度
全国小语"十大青年名师"获得者
——张　龙

特级教师，高级教师。全国优秀教师，北京市劳模，北京市优秀教师，北京市学科带头人，北京市师德标兵，北京市第三批名师班成员。部编版教参编写者之一。曾代表北京市参加全国第八届青年教师阅读教学观摩活动获得特等奖，参加北京市第七届小学语文教学大赛获得特等奖。

颁奖词

十年前，张龙老师参加北京市小学语文教学大赛，教学《生命 生命》一课获得特等奖而一鸣惊人。随后他代表北京参加了全国小语会主办的第八届青年教师阅读教学观摩活动，教学《最后一头战象》一课获特等奖而一炮走红。

张龙是用思想行路的教学者。他对语文教学的研究是具有针对性的，对语文教学的思考是深入的。听他的课，最多的发现，也是最令人叫绝的，是他极擅长于茫茫一片文字中抓出一条线，理清作者行文的脉络，逐渐形成设计中的主题化和层次性！他的教学永远闪烁着智慧之光！

——张立军

《出塞》《凉州词》教学设计

◆ 张 龙

教学目标：

1. 有感情地朗读古诗，背诵古诗。
2. 了解古诗的意思，激发学生的爱国情怀。
3. 运用想象、质疑等方法，培养学生的思维能力。

教学课时：

1课时

教学过程：

一、聚焦题目，感受诗歌特点

1. 今天我们一起来学习两首诗，齐读课题《出塞》《凉州词》。

2. 读古诗，检查字音。

重点关注"葡萄""琵琶"，古时没有轻声，因此读古诗时读本音，口语表达读轻声。

3. 思考：为什么会把这两首诗放在一起呢？

提示：这两首诗都是边塞诗，都和战争有关，作者都是唐朝诗人，都体现了作者的爱国情怀。

今天我们就来细细地品味一下这两首古诗。

【设计意图：通过关注"葡萄""琵琶"的字音，让学生领会古今读音的异同；思考两首诗放在一起的原因，可以培养学生的思维能力。经常辨析，经常比较，会对学生思维的深刻性产生深远影响。】

二、引入资料，理解诗题

1. 《出塞》题目是什么意思？

塞是塞外、边关的意思，出塞就是出征到塞外的意思。

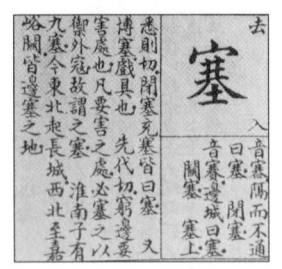

2. 引入资料：

穷边要害处也。凡要害之处，必塞之以御（yù）外寇（kòu），故谓之塞。《淮南子》有九塞，今东北起长城，西北至嘉峪关，皆边塞之地。

——《澄衷蒙学堂字课图说》

(1) 读资料。

(2) 图片与文字相结合，感知边塞的作用、位置等。

提示：凡要害之处，必塞之以御外寇，故谓之塞。——作用

穷边要害处也。——位置

3. 看到这个题目你会想到什么？

学生课前查阅资料，师适时点拨：地点、历史事件、历史人物、文学作品等。

昭君出塞　塞外风光　古时候塞外战场　飞将军李广……

过渡：我们今天学习王昌龄的这首边塞诗《出塞》被誉为七绝之首，让我们一起来看一看为什么这首诗会排在第一名，到底它好在哪。

【设计意图：通过引入资料《澄衷蒙学堂字课图说》，感受"塞"的深刻含义，让学生感受"塞"的作用、位置……在关联中引导学生对汉字文化产生敬仰之情，为学生深入理解汉字打下基础。】

三、理解诗歌内容，体会情感

1. 质疑解疑，理解诗意

(1) 质疑画面——通过预习你都读懂了什么？还有什么没读懂？

A. 为什么作者先写秦朝时的明月，后写汉朝时的关口呢？这里仅仅指秦时的明月、汉时的边关吗？

B. 人，为什么未还呢？

C. 飞将有什么故事呢？

要想解决这些问题，我们必须走进画面。

【设计意图：古诗教学必须引导学生真质疑，无论是字面的意思，还是古诗中有疑问的地方，都应该给学生以空间，培养学生善思善问的能力。】

（2）划分画面

如果让你给这首诗划分一下画面，你想怎样划分呢？

A. 真实景色、想象画面。

B. 事件、感受。

（3）找景物

初读诗歌以后，你看到了哪些景物？可以用哪些词语形容这些景物呢？

明月 关口 人 阴山

（4）出示画面，进行想象

诗歌为我们描绘了一幅怎样的画面呢？

①先出示明月和边关，引导学生用词语或句子形容。

②出示资料：

在这明月的照耀下，这边关大地到底经历过什么呢？

资料一：《资治通鉴·唐纪》记载，玄宗时，改府兵为募兵，兵士戍边时间从一年至三年、六年，终于成为久戍之役。

资料二：视频资料

③明月和边关都见证了什么？你看到了什么？

明月和边关都见证了战场的血腥、战争的惨烈……我们仿佛看到了战马的长嘶、刀枪的碰撞……

④你现在理解什么是人未还了吗？

⑤出示朝代表：这里仅仅指秦时的明月、汉时的边关吗？（从秦朝一直到

诗人所处时代的明月和边关）

⑥此时此刻，我们再出示明月和边关的画面，你觉得你想用什么词语来形容这明月和这边关呢？（苍凉、冷峻）

⑦同学们，画面还是这样的画面，为什么我们会用这些词来形容呢？这句话我们该怎样读呢？应读出什么样的心情呢？（悲痛、伤感）

小结：千百年来，一批又一批的将士，他们离家万里，长途跋涉来到边关，有的战死沙场，有的终老边关，人未还，也是不能还。那此时你感受到了什么？

大家应该带着怎样的情感读？（悲痛、敬佩等）

小结：我们穿过漫漫历史长河，好像看到了明月的苍凉、边塞的萧条，听到了胡笳的悲凉、战马的长嘶，想到了厮杀的惨烈、离别的不舍、家人的守望……

【设计意图：运用策略提高学生的思维能力，比如质疑策略、想象策略、联系生活策略等，进而引领学生学会古诗学习。特别是对于"明月""边关"这样的意象，在想象前和想象后学生的思维发生了巨大变化。】

2. 结合背景，体会情感

（1）如果第一、二句给我们的感觉是悲痛、伤感，那么第三、四句给了我们什么感受？说说你的理由。（激动、愤怒、自豪）

（2）聚焦"龙城飞将"。

资料：李广是我国古代赫赫有名的战将。边关几十年，有他在，游牧民族不敢侵扰；有他在，边关就是安定的。李广英勇善战，精通骑马射箭，立下赫赫战功。

（3）指导朗读整首诗。

提示：要读出感情变化，比如从悲伤到自豪、激动。

（4）了解创作背景。

为什么诗人要这么写呢？要表达什么样的愿望？

出示资料：《出塞》是王昌龄早年赴西域时所作，虽然处于盛唐时期，但边塞战争依然频繁，给人们带来苦难。王昌龄认为，由于朝廷不能选用杰出的将领来守卫边关，才导致战火不断、征人不还的局面。字里行间流露出诗人对朝廷不能选贤任能的不满。

（5）你感受到了作者怎样的情感？（强烈的爱国之情和豪迈的英雄气概）

朗读：此时，你能带着这样的感情把这两句诗读一读吗？

3. 时光穿越千年，什么变了，什么没变？

（时间变了，明月边关没变，战士的爱国之心没有变，保家卫国的精神没有变）

从秦朝到汉朝，再到唐朝，将近一千年过去了，无论是哪个朝代，无论是哪个皇帝，都要守边、戍边。你又有什么感受？

【设计意图：引入背景，带领学生进入到作者的世界，感受作者深深的爱国情怀，进而感受时光穿越千年，时间变了，但是爱国之情没有变。】

四、对比《凉州词》，体会异同

1. 同学们，刚才我们是用什么方法学习古诗的？

明确：划分画面、质疑画面、想象画面、感受画面的方法。

【设计意图：回忆第一首古诗学习的方法，用这些方法引导学生学习第二首古诗。】

2. 下面用这样的方式来学习《凉州词》。

划分画面：事——情

想象画面：小组合作，你都看到了哪些画面呢？

听琵琶的声音，谈感受。（催促出征）

催的到底是什么，催征还是催饮？

催饮是什么心情，催征又是什么心情？（矛盾、紧张、无奈、伤感）

【设计意图：通过一步一步的学习，让学生的思维活起来，改变原来学习古诗的方式，运用想象、提问等方式刺激学生的思维，让学习真实发生。】

3. 质疑画面：

（1）为什么"醉卧沙场君莫笑"？

（2）这种情感是悲情还是豪情？

（3）从醉卧沙场中，你看到了什么，又想到了什么？

提示：到处是血染的征衣，到处是残车的痕迹，到处是黄沙弥漫，到处是散落的刀枪剑戟……（出示图片）

【设计意图：通过深入思考，提出质疑，让学生讨论起来，调动各种资源解决真问题，引导学生将学习的视角延伸到生活的各个角落，和生活建立链接。】

4. 这又是一种怎样的情怀？（悲苦与雄壮）

5. 这两首诗都是借边塞的景物来抒发作者内心的情感。

6. 古诗中经常会出现明月，而这轮明月代表的内涵却和其他明月截然不同；古诗中也经常会出现美酒，而这杯美酒代表的情感也和其他美酒不一样。所以今后遇到这种有代表性的景物、事物一定要细细品味。

【设计意图：学完第一首古诗，总结方法，把方法运用到第二首古诗的学习中，学以致用，让学生在质疑、解疑、想象等方法中提升思维力。】

板书设计：

《出塞》《凉州词》　　　　　　想象

明月　关　　美酒　夜光杯　琵琶　　质疑

爱国　　　　　　　联结

2019—2020年度
全国小语"十大青年名师"获得者
—— 陈雯雯

江苏省优秀教育工作者，江苏省教科研先进个人，徐州市十佳师德模范。徐州市五一劳动奖章获得者。师从全国著名特级教师于永正，在语文教学中，继承于永正老师"儿童的语文"教学思想，形成了充满趣味、扎实灵动的教学风格。曾获得江苏省青年教师基本功大赛一等奖、全国第四届苏教版教科书课堂教学大赛特等奖、江苏省教学成果一等奖等奖项。

颁奖词

　　她，就像一个长不大的孩子，永远充满活力，心存阳光；她，愿做一个派往儿童世界的使者，用快乐的语文教学滋养一个个鲜活的生命；她，追随师父于永正先生，用尊重、润泽的教育初心，简约、平易的教学风格，为儿童的语文学习创设适宜的天地，让儿童如萌芽的草木舒畅、条达。

——李亮

《凉州词》教学设计

◆ 陈雯雯

教学目标：

1. 能正确、流利、有节奏地朗读、背诵《凉州词》。
2. 借助注释，结合已有经验，同伴合作交流理解诗意。
3. 通过想象画面、情境体验，感受诗人的情感。

教学准备：

有关"凉州"与《凉州词》的小微课。

教学课时：

1课时

教学过程：

一、揭示内容，微课学习

1. 背诵《出塞》，回顾诗歌主要内容并体会诗人表达的情感。

上节课我们学习了王昌龄的《出塞》，同学们一起来背诵。（生齐背诵）还记得这首诗表达了王昌龄怎样的情感吗？

这是一首著名的边塞诗。王昌龄在边关明月下，回望历史，呼唤朝廷能多用一些像李广一样的名将来保家卫国。这节课我们再一起学习一首唐代边塞诗的经典之作——王翰的《凉州词》。

2. 揭题《凉州词》，提出疑问。

3. 观看微课，了解与"凉州"、《凉州词》相关的知识。

关于"凉州"，关于这里的"词"，有同学产生了疑问。我们来看看这位同学的发现对你是否有帮助。

4. 交流微课学习后的收获。

【设计意图：《凉州词》是古诗三首中的第二首，上接《出塞》，下连《夏日绝句》，三首诗都体现了诗人的家国情怀，构成了一组爱国诗篇。教学《凉州词》时，从《出塞》引入，营造一种学习的氛围和场域。对《凉州词》诗题的理解，从学生的质疑出发，借助小微课中同伴的讲解，拉近资源与学生的距离，通过图片、文字等帮助学生自主建构理解。】

二、初读古诗，借助注释理解诗意

1. 读好"葡萄""琵琶"。

（1）诗句中有两个带有轻声的词语。（出示：葡萄、琵琶）因为古诗要讲究平仄，所以在这里还可以读原调。

（2）教师示范朗读，学生说说这样朗读带来的感受。

（3）学生练习朗读。

2. 读出节奏，读好停顿。

3. 借助注释，合作交流读懂诗句。

（1）借助注释，试着理解诗句的意思，不明白的地方和同桌交流。

（2）班级交流不明白的地方。

预设：君，一般是指"你"的意思。君，既可能是男的，也可能是女的。君表示对说话对象的一种尊重。

（3）背诵带有"君"字的诗句。

【设计意图：对于四年级的学生而言，这首诗的朗读无论是字音还是七言诗的节奏，都没有什么障碍。为了让学生更好地感受到古典诗词的韵律美，教学中适当还原诗词的平仄规律，把"琵琶""葡萄"读成原调，更有节奏感和韵味，还能把宴会欢愉、热烈的情境表现出来。在处理这部分内容时，不是依靠教师对概念的讲解，而是教师范读，学生感受。】

三、想象画面，感悟诗情

1. 整体感知，发现意象。

王翰在诗中写到了哪些事物？（相机板书：葡萄美酒、夜光杯、琵琶、战马、沙场、将士）

2. 聚焦意象，理解意象。

看到这些事物，你有什么发现？它们有什么共同点，又有什么不同呢？（都与西北边塞相关，是边塞诗中经常出现的事物。第一行都是美好的事物，和饮酒有关；第二行的事物都和战争有关）

3. 想象画面，感悟诗情。

饮酒、战争，是不是感觉很不和谐？王翰用这些事物描绘了怎样的画面呢？你眼前出现了怎样的情景？

（1）将士们饮酒的场面：聚焦美酒、夜光杯，引导学生想象并具体描述画面，感受宴席气氛的热烈。（出示图片，练习朗读）

（2）琵琶声：你听到了怎样的琵琶声？（听音乐，朗读）

（3）将士们的画面：如果你是王翰，或是在场的一位将士，你觉得手中这是一杯饱含什么感情的酒？（小组讨论）

预设：壮行的酒，离别的酒，悲壮、豪迈的酒。

醉卧沙场君莫笑，伤人一万，自损八千，战争是多么残酷啊！尽管有那么多的将士们战死沙场，可仍然有无数的热血男儿奔赴前线、前仆后继，为国戍边死得其所！这是无比悲壮的。（相机板书：精忠报国、视死如归、英勇无畏）

4. 体会诗人王翰的诗风。

现在知道为什么王翰诗中有美酒了吧！

正是因为将士们有将生死、将小家置之度外的旷达、奔放的英雄气度，才有了举杯痛饮的豪迈，才有了醉卧沙场的潇洒从容，越是这样的场景，越是能体现出将士们的精神气度。这正是盛唐边塞诗的特色——悲壮、豪迈。千百年来，这首诗一直为人们所传诵。

5. 有感情地朗读、背诵。（录音示范）

【设计意图："意象"是构成诗歌的基本元素，一首好的诗歌，其意象必定是生动且具有表现力、感染力的。这首诗中，王翰选取了"葡萄美酒""夜光杯""琵琶声""沙场""将士"等意象元素，构建了边关大营中热烈的饮酒场面，表达的却是边关将士尽情酣醉、视死如归的无畏、旷达。画面与情感之间关系的建立是学生学习这首诗的难点。学生很难理解这饮酒背后的情感表达，所以要有由"象"到"意"的学习过程。课堂上通过三个问题的

教学，引导学生提取意象、想象画面、揣摩意境，体会意象中高度凝练的作者的情感。】

四、比照勾连，体会家国情怀，揭示单元主题

1. 出示《出塞》，思考：两首诗有什么相同和不同的地方。

同是边塞诗，一首幽静，一首奔放；一首是呼唤良将，一首是醉卧沙场。两首诗的主题都是爱国，表达的都是家国情怀。

2. 用不同的语气有感情地朗读两首诗。

3. 联系其他爱国诗篇，深化情感。像王翰这样的报国志士不在少数，所以才有了我们民族的不断强大。你想起了谁，想到了哪些诗句？

4. 小结单元主题。他们有的是投笔从戎的文人墨客，有的是只能借诗词抒发志向的诗人，但是他们都发出了同样的呐喊：保家卫国，视死如归。(板书：天下兴亡，匹夫有责)

【设计意图：这首诗所在的单元人文主题是"家国情怀"。这一课共安排了三首诗，分别是《出塞》《凉州词》和《夏日绝句》。从内容来看，三首诗都能很好地表达单元的人文主题，但是表达的角度又各不相同。教学中引导学生进行对比学习，发现前两首诗的异同点。通过对两首诗的比照联系，加深理解。之后，继续引导学生回忆背诵过的诗篇中的爱国诗句，学生的情感已被点燃，记忆就容易被唤醒。"黄沙百战穿金甲，不破楼兰终不还""王师北定中原日，家祭无忘告乃翁"等诗句都被激活了，这样的比照勾连，就把一首诗扩展成一类诗，把一个人、一群人放大到更多的爱国志士。何谓"天下兴亡，匹夫有责"，也就水到渠成了。】

五、作业

1. 自学《夏日绝句》。结合注释，理解诗意，想一想：这首诗和前两首有什么相同的地方，有什么不同的地方。

2. 感兴趣的同学，可以上网搜索王之涣的《凉州词》读一读，再试着背下来。

2017—2018年度
全国小语"十大青年名师"获得者
———— 杨修宝

黑龙江省教育学院小学语文教研室主任,"杨修宝小学语文名师工作室"主持人,"国培计划"专家库专家,黑龙江省小学语文教学专业委员会秘书长,中国当代语文教学委员会常务理事。曾获全国小学语文教师素养大赛一等奖。杨修宝老师独创了"专题日记教学",该项研究被中国教育学会小学语文教学研究会评为教学研究成果一等奖、黑龙江省教育学会重点课题一等奖、"国培计划"精品课程。

颁奖词

从初出茅庐的小老师到省小语教研员，从乍暖还寒的冰城哈尔滨到鲜花吐秀的泉城济南。二十几年间，丈量的是或短或长的路途，难以计数的是中间洒下的滴滴汗水！

修宝为人，简淡平和，深蕴热情；修宝为学，孜孜以求，厚积薄发；修宝钻研，把握本质，切中肯綮！课堂上，春风化雨润无痕；文章中，严谨深入，见微知著。他从容穿行于教学、研究两个领域，展一体双翼，遨游于北国、江南。

——郑丹

《母鸡》教学设计

◆ 杨修宝

教学目标：

1. 朗读课文，理解"我"对母鸡态度前后的变化，并说清楚变化的原因。

2. 聚焦事例，感受母鸡的"负责、慈爱、勇敢、辛苦"，体会母爱的伟大。

3. 文本比较，感受同一作家在写不同动物时，表达上的相同与不同之处。

教学课时：

2课时

教学过程：

板块一 读——课文表达之意

一、阅读资料，启思导入

1. 出示课文后面资料袋中的内容，引导默读。

提问：哪句话特别吸引你的眼球并触动了你？

资料袋

老舍（1899—1966），原名舒庆春，字舍予，"老舍"是他最常用的笔名。他是杰出的语言大师，被誉为"人民艺术家"。他一生创作了一千多篇（部）作品，有长篇小说《骆驼祥子》、话剧《茶馆》等经典著作。

预设：他是杰出的语言大师，被誉为"人民艺术家"。

导语：同学们，通过对上一课《猫》的学习，我们已经对老舍的语言风格有了初步的感知，而且还学会了"明贬实褒""情感融在字里行间"的表达方法。本节课我们学习老舍先生的《母鸡》，请你猜想一下，杰出的语言大师会怎么写寻常的母鸡呢？

【设计意图："学一文，近一人"，本单元选编了老舍的两篇文章，且编排在一起，我们要用好这一编排特点，走近老舍先生。阅读资料的导入，聚焦"语言大师"，并以此为主线，引导学生关注"表达方法"，为落实单元语文要素做好铺垫。】

二、朗读课文，整体感知课文内容

1. 默读课文，然后用精练的语言概括语言大师从哪些方面写了母鸡？

预设：从叫声难听、欺软怕硬、居功炫耀三个方面写讨厌。作者选择生活中的事例从负责、慈爱、勇敢、辛苦四个方面写母鸡。

2. 学习词语，初步体会作者的情感。

谈话引入。老舍先生是语言大师，用词一向严谨，可是他却用了这样的词语描写母鸡。让我们一起来读一读这几组词语。

（1）学习第一组词语

讨厌、可恶、欺侮——厌

提问：看到这三个词，你会想到怎样的人？读这几个词会用怎样的情感和语气？

（2）学习第二组词语

没完没了、如怨如诉——烦

引导理解"如怨如诉"，体会"没完没了"，用一个字概括心情——烦。

（3）出示第三组词语

下毒手、咬一口、发了狂——恼

提问：读这三个词时，脑海中出现了怎样的画面？

指导朗读：此刻不只是厌烦了，已变得恼怒，要读出恼怒的语气和情感。

（4）出示第四组词语

负责、慈爱、勇敢、辛苦、伟大、英雄——敬

提问：一边读一边想，你想到了谁？

指导朗读：用怎样的情感和语气读这几个词？

【设计意图：本单元的语文要素是"体会作家是如何表达对动物的感情的"，教学设计以此为主线展开。几个层次的词语学习，让学生初步体会作者表达的感情，为理解课文内容做铺垫，更为深入体会作者表达的情感打基础。】

板块二　理——情感态度之变

一、梳理"矛盾"，体会作者是怎样表达情感的

谈话提问：同学们，读文过程中，你发现了吗？文中有一些前后矛盾的语句。老舍先生可是杰出的语言大师，为何总用矛盾之语？我们还真得研究研究。请你用不同的符号标记出文中矛盾的语句，然后小组内讨论作者为什么要这样写？

1. 学生读文圈画标记"矛盾"的语句。

2. 小组讨论汇报，品悟"矛盾"语句的用意。

预设：

（1）"就是聋人也会被它吵得受不了。"

结合学生的交流，恰当追问："聋人"是听不到声音的，是不怕吵的，"聋人"被吵得受不了，这不是明显的"矛盾"吗？

提示：作者用夸张的手法，淋漓尽致地表达了厌烦母鸡的情绪。

（2）前院到后院"嘎嘎"地乱叫，"咕咕"地紧叫与顶尖锐顶凄惨地啼叫。

结合学生的交流，恰当追问：文中三次写到母鸡的叫声，同是叫声，用词却迥异。白天，没完没了"嘎嘎"地乱叫，固然令人生厌，但夜里，顶尖锐、顶凄惨的叫声，不是比"嘎嘎"的叫声更难听、更令人生厌吗？作者怎么又不觉得讨厌了？这岂不矛盾？

提示："咕咕"地紧叫是母鸡对鸡雏的召唤。这是一个母亲对儿女的呼唤，就如妈妈喊孩子回家吃饭，这声音温暖、亲切，怎会令人厌烦?！

顶尖锐、顶凄惨的叫声，是母鸡警觉的叫声，是保护子女的叫声，是一个母亲勇敢的叫声。这是一个伟大的母亲发出的声音，不但不讨厌，反而令人敬佩，值得颂扬！

（3）"它永远不反抗公鸡。"与"假若有别的大鸡来抢食，它一定出击，把它们赶出老远，连大公鸡也怕它三分。"

结合学生的交流，恰当追问：同是面对公鸡，表现却不同。之前那么怕公鸡，之后公鸡却怕它，这不是前后矛盾吗？

提示：不矛盾，这是母鸡勇敢无畏的表现。当它还不是母亲时，欺软怕硬，确实让人不喜欢。但当它成为母亲后，保护儿女时的勇敢和责任感令人肃然起敬。

（4）开篇第一句"我一向讨厌母鸡"与文末最后一句"我不敢再讨厌母鸡了"。

结合学生的交流，恰当追问：同是"讨厌"，文章首尾却截然相反，难道这是首尾矛盾式呼应？

提示：理解"不敢"的意思，就是没有胆量、没有勇气做某事。从词意中能深刻体会到，作者情感变化之大，已经不是简单地对母鸡的喜爱，而是对母爱的最纯洁、最神圣的敬畏。这是情感的升华！

引导学生朗读并比较这两句话，第一句读得轻蔑、厌烦，第二句读得真挚、崇敬。

小结交流：同学们，这些语句看似矛盾，实则巧妙；看似矛盾，实则隽永；看似矛盾，实则情浓。前面写"讨厌"是为了更好地突出后面的"不敢讨厌"，这种表达方法叫"欲扬先抑"。这一巧妙的方法不仅让我们体会到了老舍先生要表达的情感，更让我们真切地体会到老舍先生的用词造句着实绝妙，不愧为杰出的语言大师。

【设计意图：抓住"矛盾"，体会前后的强烈对比，感受"欲扬先抑"的写法，学习作者表达情感的方法。落实单元语文要素，习得写作方法，一石二鸟。】

二、整理事例，体会作者情感变化的原因

1. 品读情感变化的原因。

谈话提问："我"对母鸡的情感前后变化巨大，请同学们找出变化原因，再和小组内同学说一说，为什么有这样大的情感变化？

预设："可是，现在我改变了心思，我看见一只孵出一群小雏鸡的母鸡。"

"它负责、慈爱、勇敢、辛苦，因为它有了一群鸡雏。它伟大，因为它是鸡母亲。一个母亲必定就是一位英雄。"

教师引读：

因为它有了一群鸡雏,所以它变得——负责、慈爱、勇敢、辛苦!

因为它是鸡母亲,所以它身上有——伟大的母爱!

因为它是一个母亲,所以它就是——一位英雄!

2. 整理具体事例,体会伟大母爱。

谈话提问:同学们,你们发现了吗?"语言大师"特别关注"细小事例"。请你在文中圈画、批注出表现"负责、慈爱、勇敢、辛苦"的具体事例,读一读,再跟小组内同学交流作者是怎样用具体事例表达情感的。

预设:

负责——

"一只鸟儿飞过,或是什么东西响了一声,它立刻警戒起来:歪着头听;挺着身儿预备作战;看看前,看看后,咕咕地警告鸡雏要马上集合到它身边来。"

"在夜间若有什么动静,它便放声啼叫,顶尖锐,顶凄惨,无论多么贪睡的人都得起来看看,是不是有了黄鼠狼。"

慈爱——

"发现了一点儿可吃的东西,它咕咕地紧叫,啄一啄那个东西,马上便放下,让它的儿女吃。结果,每一只鸡雏的肚子都圆圆地下垂,像刚装了一两个汤圆儿似的,它自己却消瘦了许多。"

"它若伏在地上,鸡雏们有的便爬到它的背上,啄它的头或别的地方,它一声也不哼。"

勇敢——

"假若有别的大鸡来抢食,它一定出击,把它们赶出老远,连大公鸡也怕它三分。"

辛苦——

"它教鸡雏们啄食,掘地,用土洗澡,一天不知教多少次。它还半蹲着,让它们挤在它的翅下、胸下,得一点儿温暖。"

教师总结引读:"小事例"显"真感情"!老舍先生真不愧是杰出的语言大师,他抓住一个个具体的生活小事例,就让我们被母鸡身上表现出的母爱所震撼,真是为母则善、为母则刚、为母则强啊!因为——

它是——负责、慈爱、勇敢、辛苦的母亲。

它是——无私无畏、日夜操劳的伟大母亲。

它是——令人敬畏、值得颂扬的英雄母亲。

【设计意图：这一部分的设计，梳理"矛盾"之处，质疑启思，明线是体会作者的语言风格和特点，暗线是体会作者情感表达之精妙。整理具体"事例"，体会情感态度变化的原因，同时让学生习得聚焦生活小事例、表达真情实感的写作方法。】

板块三 比——异曲同工之妙

一、同一作者，不同作品的比较

谈话提问：同学们，学过《母鸡》这篇课文之后，我们发现老舍先生笔下的小动物活灵活现、栩栩如生，喜爱之情融在字里行间。但同样都是表达喜爱之情，表现手法却不尽相同，让我们比一比《猫》和《母鸡》这两篇课文，看看杰出的语言大师，写不同的动物有何妙法。请同学们再读这两篇文章，和小组同学讨论交流这两篇课文在表达上有哪些相同和不同之处，完成下面的表格。

文章题目	文章结构	语言表达	情感表达	写作技巧
《猫》				
《母鸡》				

学生小组内讨论交流后汇报。

二、不同作者，相同题材的比较

谈话交流：刚才我们对同一作者描写不同小动物的文章做了比较，学习并体会了老舍先生表达情感的妙法绝招。下面我们再读一读普里什文的《柱子上的母鸡》、列那尔的《母鸡》这两篇文章，看看你又有哪些新的发现。

学生小组内讨论交流后汇报。

【设计意图：通过多文本的阅读与比较，让学生真正体会到"作家是如何表达对动物的感情的"，单元语文要素得以真正落地。通过不同层次的比较与发现，让学生懂得表达情感有多种形式与方法，异曲同工，需揣摩玩味！】

板块四　用——先抑后扬之法

谈话交流，布置作业：杰出语言大师的作品，学起来就是令人快慰！我们不但要学懂学会，更要学会运用他的"先抑后扬、欲扬先抑"的写作妙法，我们在习作时就可以运用这种方法。比如写植物仙人掌、写动物小乌龟，写人物一位老师等都可以运用先抑后扬的方法。课后请同学们在动物、植物或人物中选择一个，运用先抑后扬的方法写一段话。

【设计意图："杰出的语言"在四个板块中起到了"起、承、转、合"的作用，是教学设计的一条明线，目的是让学生体会老舍先生的语言风格和作品特点。这一环节是"合"，即读写结合，进行言语迁移，运用习得的情感表达方法，内化形成能力。】

2018—2019年度

全国小语"十大青年名师"获得者

——徐　俊

　　高级教师。全国名校联盟学术委员会副主任，浙江省"小学语文30人研究小组"研究员，全国真语文专业委员会、浙江省作文专业委员会常务理事，全国中小学整体改革专业委员会学术委员，全国语文学习科学专业委员会学术委员。曾获得全国经典诗文教学大赛一等奖、习作教学大赛特等奖。应邀在南欧三国及全国各地讲学600多场。

颁奖词

徐俊老师对语文、对教学、对教育的痴迷令人感动。

他有着扎实的理论基础，通过著书立说表达生命语文的思想，从来不妄言；

他有着丰富的教学实践，深耕小语各个学段、各种课型教学，从来不空谈；

他有着深厚的哲学素养，审视语文教学的现实存在，探索语文教学的认知原点，建构语文教学的实践体系，从不偏颇；

他有着深切的教育情怀，不愿孩子们吃无妄之苦，愿做语文的堂吉诃德。

他是真喜欢教书，喜欢和孩子们在一起。

——吴立岗

《文言文二则》教学设计

◆ 徐 俊

教学目标：

1. 通过自由朗读、熟读成诵、默读批注等方式，熟悉文言文学习的基本方法，理解课文中每句话的意思。在尝试给文言文做标注、口述文章大意的过程中，进一步感受文白差异；运用组词、比较等方法，理解文中相关文言词汇的意思及其运用。

2. 通过自主练习、同伴合作等方式，用现代文改写文言故事，并在听、说、读、写的过程中完善书面表达。

3. 通过读课文、讲意思、写故事等语言与阅读实践，尝试表达个人的观点。

教学课时：

2课时

教学过程：

第一课时

囊萤夜读

胤恭勤不倦，博学多通。家贫不常得油，夏月则练囊盛数十萤火以照书，以夜继日焉。

（一）课题导入

1. 读课题（读准"囊""萤"的后鼻音）。

2. 解课题

（1）用生字扩词法学习名词"囊"：行囊、背囊、皮囊。

（2）在词语语境中学习动词"囊"：囊萤——用袋子装萤火虫。

（3）用古今对比法了解文言文的倒装：囊萤夜读——夜读囊萤

（4）借助注释，了解文章出处：《晋书·车胤传》。

（5）同类迁移，观照单元主题："囊萤映雪""凿壁借光"等这些大家耳熟能详的成语，讲的是车胤、匡衡、孙康等人的故事，他们是家贫苦读的典范。

【设计意图：合理的开头是成功教学的基础。成功的语文教学一定是"用语文的方法解决语文的问题"。课题导入，无须花哨的设计，认认真真做好课题的解读，从字到词，从词到文，古今对比，典型类比，这就是学习文言文的基本方法，也是具有相当思维含量、语言张力并能激活学习动机的方法。】

3. 写生字（囊、萤）。

（1）观察字形：上下结构，部件扁平，横画间隔均匀。

（2）书写，互评，再巩固。

4. 学法指导：借助课后练习，梳理本课学法。

（1）课后题1：正确、流利地朗读课文。背诵《囊萤夜读》。

①分析任务：熟读成诵。

②提炼学法：一个字——"读"。书读百遍，其义自见。多"读"，是学习文言文的首要方法。

（2）课后题2：借助注释，理解课文中每句话的意思。

①分析任务：理解课文意思。

②提炼学法：两个字——注释。借助注释理解课文，是学习文言文很重要的方法。

（3）课后题3：照样子，根据课文内容填一填。

①分析任务：根据课文意思填空。

②提炼学法：三个字——"小贴士"。用"小贴士"的方法，边学课文，边批注自己的体会和理解。

【设计意图："学习"二字，就字面意思来看，"学"是模仿，方法的模仿；"习"是习得，素养的习得。

模仿需要有例子。学文言文的方法，例子在哪里？编者的意图最明显地体现在课后练习系统上。学生要完成课后练习系统的任务，需要的就是本课要学的方法。仔细分析本课课后练习的三个任务，完成本课学习的三大方法就清清楚楚地摆在眼前了。

为什么要用一个完整的板块分析课后题并让学生自己提炼出方法呢？因为这也是一个习得的过程，习得怎样自主构建学习方法。过程和方法也是重要的教学目标。在此基础上，进而习得本课教学目标预设的其他素养。】

（二）一读《囊萤夜读》，实践"方法一"

1. 自主读课文。

（1）第一遍：读正确。

（2）第二、三遍：争取流利。

（3）第四遍：默读，圈出还不懂的。

【设计意图：书读百遍，其义自见。书是要靠自己读懂的，尤其是每个个体自主、充分地读。"读懂"课文的能力，不是与生俱来的，需要指导和时间。什么都不分析、不讲解，先让学生读四次，这是量的保障；四遍分三次推进，则是节奏的体验；三次不同的要求，则是为了引领学生学会有效"读书"。】

2. 同伴交流读。

（1）同桌互读：互相纠正读音节奏和断句。

（2）交流汇报：同伴的朗读、意见和建议对你有何帮助？你又有何疑问？

【设计意图：学习是个体的事，提高学习效果则需要个体之间的碰撞，这是"经验互递"原理，是"1＋1＞2"的。很多问题，在同伴的交互学习中解

决了；很多方法，在同伴的交流中学会了。这种"小先生"的互动，很多时候比老师的谆谆教诲更有效。】

（3）重点突破：夏月／则／练囊盛数十萤火／以照书。

注：（2）（3）环节，相机理解"恭勤不倦""家贫""夏月""练""盛""以"。

【设计意图：字不离词，词不离句，在语境中理解……这些都是非常宝贵的教学经验，适用于现代文教学，也适用于文言文教学。读不通的地方，断句有误的地方，一定是有不理解的地方。读通了，读顺了，节奏和断句对了，字词句也就理解了。当然，如何读通、读顺、读对，不能光靠多读、交流读，还需要运用联系上下文、借助注释、拆字组词等方法。这些方法都随机穿插在"读"的过程中，自然而有效。】

3. 熟练地朗读。

4. 理解。

（1）全文一共几句话？

两句。

（2）第一句话讲什么？

车胤是个怎样的人。用两个词概括：恭勤不倦、博学多通。

（3）第二句话讲什么？

"囊萤夜读"这件事。为何"囊萤夜读"——家贫不常得油；如何"囊萤夜读"——练囊盛数十萤火以照书；效果如何——以夜继日焉。

5. 背诵文言文。

提示：车胤是个怎样的人？为何"囊萤夜读"？如何"囊萤夜读"？效果如何？

【设计意图：这就叫"熟读成诵"，更重要的是"书读百遍，其义自见"。熟读到这个份上，不仅会背了，句读也如成竹在胸了，文章的叙事结构和逻辑更了然于胸了。】

(三) 二读《囊萤夜读》，实践"方法二、三"

1. "白话"文言（同桌互说）。

2. 用自己的话说说课文的意思。不懂的地方，可以在哪里寻找帮助？（注释）

3. 批注字义。

还有不懂的吗？注释里有没有答案？听听小伙伴的理解。

你原本不懂的，注释里也没有的，现在弄懂了，怎么提醒自己不会忘记？（批注的方式写在边上）

4. 指名说故事。

5. 背诵全文。

【设计意图：如果说前面的环节主要是"习"，这个板块则主要是体现"得"了。当然，"习"未必能全"得"。"习"而不"得"之处怎么办？回顾方法，查缺补漏，一则为了更有效地"得"，二则也是强化方法的"习"。】

(四) 书写练习

囊 萤 恭 勤 博 贫 焉 逢 卒

1. 分析字形。

2. 组词书写。

第二课时

铁杵成针

磨针溪，在象耳山下。世传李太白读书山中，未成，弃去。过是溪，逢老媪方磨铁杵。问之，曰："欲作针。"太白感其意，还卒业。

(一) 导入课题

1. 读课题。

2. 解课题。

(1) 铁杵

(2) 铁杵成针：只要功夫深，铁棒磨成针。讲李白变"学霸"的故事。

(3)《方舆胜览》：地理类书籍，记载风土人情、故事传说。

3. 回忆学法：熟读成诵，借助注释，批注字义。

4. 强调重点学法：哪些需批？——容易忘记的。

(二) 一读《铁杵成针》，三法自主学懂

1. 先大声读三遍：争取读准、读通。

2. 借助注释再读：争取读懂、流利。

3. 默读理解全文：圈出不懂之处。

4. 全班交流朗读：解决停顿难点。

(三) 二读《铁杵成针》，检验学习效果

1. 地点。

(1)《方舆胜览》是地理类的书，那么书上的这个故事，发生在什么地方？

——磨针溪，在象耳山下。

(2) 用自己的话怎么说？倒过来怎么说？

2. 起因。

(1) 下面的故事写了四句话，分别是起因、经过、结果。起因是什么？

——世传李太白读书山中，未成，弃去。

(2)"弃去"在《司马光》中出现过，什么意思？

——丢下，抛下。

在这里呢？

——放弃。

同样的词，同一个字，在不同的文章里意思有所区别，容易搞混，也要批注下来。

(3) 这句话用自己的话怎么说？

3. 经过。

(1) "经过"用了几句话描述？

——过是溪，逢老媪方磨铁杵。问之，曰："欲作针。"

（2）哪几个字的意思需要做批注提醒自己？

——是、方、老妪。

（3）用自己的话怎么说？

——"之"在这里指"老太太"，要批注一下。

4. 结果。

（1）"结果"这句用自己的话会讲吗？

（2）把每个字分开来是什么意思呢？

——感：感动；其：她的；意：意志；还：回去；卒：完成；业：学业。

（3）哪几个字需要提醒自己？批注在旁边。

（四）三读《铁杵成针》，感受文言魅力

1. 指名读，分句合作读。

2. 指名整篇读。

3. 像老夫子一样说着读。

4. 用自己的话讲讲这个故事。

（五）对比两则文言，感受不同品质

1. 两篇小古文都是说学习的，有何不同？（前者讲的是勤学的榜样，后者讲的是对刻苦学习的激励）

2. 遇到懒惰不爱学习的人，你要给他讲谁的故事？（车胤《囊萤夜读》）

3. 遇到怕困难半途而废的人，你要给他讲谁的故事？（《铁杵成针》）

4. 课堂小结：

这个世上，没有无缘无故的成功，也没有天生的伟人，但凡成功之人，或是非常勤奋，如囊萤夜读的车胤；或是非常刻苦，如被铁杵成针感动了的李白。这正如罗曼·罗兰说的——（齐读）没有伟大的品格，就没有伟大的人，甚至也没有伟大的艺术家、伟大的行动者。

还有哪些伟人的人、伟大的事需要我们学习呢？下节课继续学习本单元课文。

【设计意图:"教"是为了"不用教","学"是为了"更好地学"。第二课时学习《铁杵成针》,是在第一课时运用"读""注释""小贴士"三个通俗好记的方法学习《囊萤夜读》的基础上,迁移成"熟读成诵,借助注释,批注字义"三个提法更科学、规范的学习方法的过程。文章变了,但因为人文主题一致,题材、体裁相近,所以学习的过程和方法基本一致。区别之处就是,相比第一课时,教学第二课时老师更放手了,学生更自主了。这不仅是学法迁移,也是拿着教学目标,通过第二课时的学习,检验第一课时的学习效果,进一步落实整课书的教学目标。】

2018—2019年度
全国小语"十大青年名师"获得者
—— 曹海永

特级教师。江苏省"333"高层次人才培养对象,江苏省小学语文名师工作室主持人,"国培计划"、江苏省青年教育家型教师培养工程学科导师。三次参加全国、江苏省赛课均获一等奖,执教省市示范课、做讲座300多节次。主持江苏省教育科学规划课题3项,着力研究"个性阅读""交往作文"和"学程设计"。曾获首届基础教育国家级教学成果二等奖。

颁奖词

从江海南通到省城南京,
从金沙小学到南京师范大学附属小学,
再到锁金新村第一小学,
曹海永老师用热爱与奋斗,
走过了22年小学语文教学之路——
卓然独立,越而胜己。
他总是面朝大海,永攀高峰,
不断找寻着属于自己的新坐标。
提倡用有准备的小研究学习,
提升阅读的思维张力和活力,
用学习方式撬动课堂改革,
践行话题交往式作文教学,
突破了"学生—教师"的单一思维、单线联系的模式,
走出了儿童写作的单兵作战、单调体验的困境。
他在个性阅读和交往作文领域独树一帜,
也成就了儿童与青年教师的语文人生。
新时代、新岗位、新使命——
让我们期待曹海永老师的新担当、新作为、新发展。

——孙双金

《黄继光》教学设计

◆ 曹海永

教学目标：

1. 自学课文，对文中不理解的地方提出疑问，主动搜集和了解相关背景知识。

2. 抓住人物的语言和动作，体会黄继光的英雄气概，积极与同学交流感受，在想象、体会的基础上有感情地朗读课文有关语段。

3. 关注单元整体编排，明晰阅读其他英雄人物故事的内容和任务。

教学课时：

1课时

教学过程：

一、课前自学，不动笔墨不读书

1. 根据提示，自学课文，找出课文中描写黄继光语言、动作的语句，把自己体会到的英雄气概写在书上，可以是几个词语，也可以是一两句话。

2. 黄继光的故事发生在抗美援朝时期，你对课文中哪些不理解的地方提出了疑问，查找资料后了解了哪些历史背景知识，尝试着在书上做标注和记录。

比如：抗美援朝战争和上甘岭战役发生在什么时间？什么是"特级英雄"？"597.9高地"是什么意思？为什么说上甘岭战役是朝鲜战场上最激烈的一次阵地战？为什么说在黎明前攻不下597.9高地的主峰，已经夺得的那些山头就会全部丢失？

【设计意图：课前自学有两个任务，一是自读体会，抓住人物的语言、动作描写，体会英雄气概。这是对本单元语文要素的落实和巩固，重点要提醒学生记录自己的体会，而不是做"搬运工"。二是自问探究，鼓励学生大胆提出自己的疑问，主动搜集和了解本课学习必备的一些历史背景知识，以更好地体会人物的英雄气概。】

二、快问快答，图文对照知背景

1. 这是一个和战争有关的故事，涉及一些基本的历史背景知识。你在课前阅读的时候提出了哪些问题，都解决了吗？下面进入我们的快问快答时间。

2. 学生相互提问回答，教师适时追问补充。（比如"597.9高地"，因为没有名字就用其高度命名，这样的阵地易守难攻，如果不趁着黑夜攻下主峰，到白天敌人反攻，已经夺得的那些山头就很容易丢掉）

3. 有人说，美国人真正认识中国人是从上甘岭战役开始的。课文一开头也告诉我们"这是朝鲜战场上最激烈的一次阵地战"，让我们在一组数据、两张照片和四个句子中进一步感受和体会这句话。

一组数据——在上甘岭战役中，敌人调集大炮300余门、坦克170多辆，出动飞机3000多架次，对志愿军两个连防守地约3.7平方千米的上甘岭阵地发起猛攻。

两张照片——上甘岭表面阵地被炸为焦土、上甘岭战役后敌人遗留下来的炮弹壳照片。

四个句子——

战士们屡次突击，都被比雨点还密的枪弹压了回来。

火力点里的敌人把机枪对准黄继光，子弹像冰雹一样射过来。

在暴风雨一样的子弹中站起来了！

向喷射着火舌的火力点猛扑上去……

【设计意图：战斗英雄属于烽火连天的战场。那个残酷、壮烈的战场于学生有些遥远，通过课前搜集和课上交流，让学生适当了解历史背景知识能拉近学生与文本的距离。而"快问快答"的师生互动，让知识学习变得饶有兴致，也有助于培养学生主动搜集资料、积极分享交流的习惯。一组数据、两张照片和四个句子的穿插阅读，则是考虑四年级的学生认知仍以感受为主，重在让其静

心体会"这是朝鲜战场上最激烈的一次阵地战",便于之后更好地体会人物的英雄气概。】

三、交流想象,品读言行得气概

1. 走进课文,走近黄继光,去听一听他曾经说过什么,去看一看他曾经做过什么。(学生朗读第5、6、8、9、11自然段相关语句,教师引导梳理黄继光的主要事迹:请求任务、匍匐前进、拉手雷炸火力点、用胸膛堵住枪口)

2. 聚焦人物的语言和动作,感受人物的品质。学生小组交流预习批注,然后全班分享互动。

(1) 抓住"愤怒地注视""坚定地对营参谋长说""让祖国人民听我们胜利的消息吧"等句子体会黄继光的勇敢无畏、必胜信心和对祖国的无比热爱、对敌人的仇恨。

教师适时追问:回想黄继光请求任务的表情、语言、动作,哪一个字让你一下子就感受到他扑面而来的英雄气概?(喊)是啊,这一喊,喊出了什么?(黄继光对祖国、对人民的爱,危难时刻的责任与担当……)

在充分体会的基础上有感情地朗读第5、6自然段。

(2) 抓住"他用尽全身的力气,更加顽强地向前爬"一句,体会黄继光英勇顽强,永不退缩,只要有一口气就要完成任务的坚定决心。

教师适时引导:请同学们再仔仔细细地读读第7、8自然段,想象一下当时的场景,你仿佛看到了什么,听到了什么?(炮弹在四周爆炸,子弹在耳边呼啸,呛人的浓烟,燃烧的烈火,战友的尸体,遍地的弹壳……)"匍匐前进"是要把腹部紧贴着地面爬行,主要靠的是肩部和腿部的力量。现在黄继光肩上腿上都负了伤,你能想象到前进的艰难吗?你仿佛又看到了什么?(发烫的地面,忍痛的表情,一路的血迹……)你觉得是什么支撑着他"用尽全身的力气,更加顽强地向前爬"?

在充分体会的基础上有感情地朗读第7、8自然段。

(3) 抓住"突然站起来了""在暴风雨一样的子弹中站起来了"等句子体会黄继光不怕牺牲、勇者无惧、英勇善战的英雄气概,有感情地朗读第9自然段。

(4) 抓住"他张开双臂,向喷射着火舌的火力点猛扑上去,用自己的胸膛堵住了敌人的枪口"一句，体会黄继光奋不顾身、视死如归、以身殉国的伟大品质。

3. 回到整体，有感情地朗读描写黄继光语言和动作的语句。

就这样，一个"喊"、一个"爬"、一个"站"、一个"扑"，让我们感受到了特级英雄黄继光的光辉形象和伟大品格。此时此刻，你觉得英雄就是——（不怕牺牲，勇往直前，危难时刻的挺身而出，生死关头的视死如归，对祖国和人民始终无私的热爱，毫不犹豫地为祖国献出自己的生命……）

【设计意图：对人物形象的体会不能流于贴标签式的表面，也不能陷入挤牙膏式的死胡同。体会黄继光的英雄气概，首先，要尽可能还原那个硝烟弥漫、战火肆虐、生死攸关的朝鲜战场，借助课文由远及近、见微知著地想象场景是阅读的策略。其次，要引导学生透过人物的语言和动作，深入内心去追问和深思：这一"喊"喊出了什么？是什么支撑着他"向前爬""站起来""冲上去"？连续三个感叹号究竟在感叹什么？最后，对人物英雄气概的体会还要有整体感。"你觉得英雄就是——"这是一个开放且自由的表达设计，如此教学将成为一种对话，而不是教师碎片化的盘问，更不是用成语或四字词语的限制与逼问。】

四、延伸阅读，天光云影共徘徊

1. 自学提示中希望我们"再读读其他英雄人物故事，和同学交流"，那我们还可以阅读哪些英雄人物的故事呢？回顾本单元所选古诗、文章，看看你有什么启发。

比如：古诗词中的英雄、历史上的英雄、外国文学作品中的英雄、革命年代的战斗英雄、探秘宇宙太空的航天英雄、生活中的平民英雄……

2. 明确阅读任务，准备举行一次主题阅读分享会。学生要能讲述英雄人物的故事，分享最让自己感动的语言和动作，最后真挚地表达对英雄人物的敬意。

【设计意图：以读引读，打通课内外，让儿童阅读从教材中一个个"例子"延伸开去，真正向四面八方打开，这应该是语文教学的应有之义。根据略读课文的学习提示，引导学生在单元整体回顾中拓宽阅读思路，明晰阅读内容和任务，这样引得英雄人物主题阅读的"源头活水"，课外阅读就能走得更远、更实了。】

2018—2019年度
全国小语"十大青年名师"获得者
——俞　霞

无锡市语文学科带头人。曾获江苏省教育系统先进个人、无锡市优秀教育工作者、无锡市教科研先进个人等荣誉。参加江苏省"杏坛杯"小学语文课堂教学赛课获一等奖。在全国著名语文特级教师"基于核心素养的积极学习"主题教学研讨、全国小语"十大青年名师"颁奖典礼暨现场观摩课等活动中执教公开课。

颁奖词

她坚守语文课堂28年，致力于儿童生长、积极学习的实践研究。

她的课堂从"生长原点"出发，深入情趣和理趣，使学生的学习充满玩的况味。

立足儿童在场，引入积极体验，指向言语生长，促进主动发展。这是她的教学主张。

贴近儿童，躬身施教，思维引领，深度耕犁。这是她的教学执着。

为师不忘童年梦，常与学生心比心。她用温柔的坚持，奠基学生永恒的美丽。

——孟晓东

《宝葫芦的秘密（节选）》教学设计

◆ 俞 霞

教学目标：

1. 正确、流利、有感情地朗读课文，理解"介绍、规矩、劈面"等词语。
2. 理清文章结构，体会王葆的形象，感受童话的奇妙。
3. 从奶奶讲的故事中选一个，展开想象，创编故事。

教学重难点：

感受童话的奇妙；发挥想象，创编故事。

教学课时：

2课时

教学过程：

一、导读激趣，认识王葆

1. 每个人的童年都离不开童话的陪伴。来，同学们说说你喜欢的童话故事或童话人物吧。

2. 今天我们将进入"童话"单元的学习。在这个单元里，我们会读到哪几个童话故事，又将收获哪些本领呢？

3. 让我们来一次美妙的童话之旅，去感受童话的奇妙、体验新编故事的乐趣！（出示"葫芦"图片）看，这是什么？你想到了哪些和葫芦有关的传说故事？

（结合图片展示）是啊，葫芦能装酒、装仙丹，可以载着八仙过海，还可以把神通广大的孙悟空吸进去，真是一只有魔力的宝葫芦！

4. 听，他是谁？（播放王葆自我介绍的录音）

像这样以"我"的身份介绍自己，叫"自我介绍"。自我介绍时可以说姓名、身份、爱好，也可以说说年龄、性格、特长等。

5. 听了王葆的自我介绍，大家觉得这是个怎样的男孩？

6. 爱听故事的王葆和神奇的宝葫芦之间发生了怎样的故事？这节课，我们就去探一探宝葫芦的秘密。（齐读课题）

【设计意图：在传说中，葫芦一直是一个拥有无穷魔力的法宝。它是女娲补天时使用的容器，是铁拐李的渡海工具，是济公活佛的酒壶，更能变成本领超群的葫芦娃。所以课始，教师以葫芦图片唤起学生的记忆，感受葫芦的魔力。而王葆是谁？通过自我介绍了解到他是一个和学生同龄的、爱听故事的少先队员，神奇的宝葫芦和普通的男孩之间发生的故事自然十分令人期待。】

二、初读感知，了解故事

1. 默读课文第5—21自然段，读准字音，读通课文，试着用自己的话概括故事。

2. 检查自学情况：

第一组：撵（niǎn）、拽（zhuài）、舔（tiǎn）（动作帮助理解）

第二组：就这么着（zhāo）、冲（chòng）着他（读准多音字）

第三组："我和同学们比赛种向日葵，我家里的那几棵长得又瘦又长，上面顶着一个小脑袋，可怜巴巴的样儿，比谁的也比不上。"

（1）指导读好长句子。

（2）体会"又瘦又长""可怜巴巴"的构词特点，试着说上几个这样的词。

3. "我"和宝葫芦之间发生了怎样的故事？

第5—18自然段：王葆回忆小时候奶奶经常给他讲宝葫芦的故事。

第19—21自然段：王葆幻想自己也能得到一个宝葫芦。

三、感受神奇，创编故事

1. 王葆和宝葫芦的缘分，和故事中的另一个人物有关——（出示）"奶奶每逢要求我干什么，就得给我讲个故事。这是我们的规矩。"

（1）指读，理解"规矩"。拓展"循规蹈矩""没有规矩，不成方圆"。

（2）你知道哪些规矩？"我们的规矩"又指什么？（奶奶每逢要求王葆干什么，就得给王葆讲一个故事）

（3）那么，什么时候奶奶得讲故事？读读第6—14自然段，说一说。

洗脚得讲个故事，剪脚指甲得讲个故事。这祖孙俩可真有趣！分角色朗读对话。

（4）想象一下：奶奶还会要求王葆干什么，王葆又会怎么做？（理解"每逢"）

2. 王葆听奶奶讲宝葫芦的故事，一直听到十来岁，而且奶奶每次讲的都不一样。默读第15—17自然段，看文中列举了哪些关于宝葫芦的故事？动笔圈一圈故事中的人物，再读一读。

（1）学生交流，出示表格：

人物	什么时候	结果	达成愿望
张三	劈面撞见了一位神仙	得到了一个宝葫芦	张三想……立刻就……
李四	远足旅行到了龙宫		李四希望……马上就……
王五	肯让奶奶给他换衣服		
赵六	掘地		

（2）我们发现这些人物得到宝葫芦的方法不同，其结果呢？

（齐读）"一得到了这个宝葫芦，可就幸福极了，要什么有什么。"

（3）是啊，劈面撞见神仙的张三想（引读）——，远足旅行到龙宫的李四希望（引读）——，肯让奶奶给他换衣服的王五和掘地的赵六，他们又可能达成了什么愿望？课文没有写，你能学着书上的句式来说一说吗？

预设：

王五想："我要和窗边的小豆豆聊聊天，听他讲巴学园稀奇古怪的事情。"小豆豆立刻从天而降。

赵六希望发大财，马上就掘出了一个金元宝。

3. 要是奶奶都这么讲故事，你觉得能吸引住调皮的孙子吗？我看不一定。有个小伙伴选了赵六的故事进行了创编，我们来听一听。（放录音）

预设：

  有一天，农夫赵六来到田里，一边翻着地，一边叹口气说："种地可真累，这苦日子什么时候是个头啊。"掘着掘着，忽然感觉锄头底下硬邦邦的。他想：难道有宝贝？于是，他小心翼翼地把"宝贝"挖出来，仔细抹干净，一看，是一只黄褐色的葫芦。赵六有些失望，自言自语道："要是个金元宝该多好哇！"奇迹出现了，一道金光闪过，一个金光闪闪的大元宝出现在他的手心！

4. 同学们想象力都很丰富，故事十分吸引人。如果你是王葆，整天听着奶奶讲这样的故事，你会想——？（渴望拥有一个宝葫芦）

5. 是的，王葆也是这么想的。课文最后4个自然段多次写到了他的这个愿望。（出示）

  我要是有了一个宝葫芦，我该怎么办？我该要些什么？

  一直到我长大了，有时候还想起它来。

  假如我有这么一个，那可就省心了。

  我就又想到了那个宝贝……

  可我总还是要想到它……我又想到了它。"要是我有那么一个葫芦，那……"

指名朗读，体会王葆多年以来时不时的渴望之情。

6. 王葆会在什么时候想到宝葫芦？默读第18—21自然段，用"当我……的时候，我会想到宝葫芦"的句式来说一说。

  当我对着数学题发愣，不知道要怎么列式子的时候，我会想到宝葫芦。

  当我和同学比赛种向日葵，家里的那几棵长得又瘦又长的时候，我会想到宝葫芦。

  当我和科学小组的同学闹翻的时候，我会想到宝葫芦。

7. 我们发现，每次王葆遇到困难或烦恼，他就会想到宝葫芦，因为（引读）"一得到了这个宝葫芦，可就幸福极了，要什么有什么"。

8. "要什么有什么"，那就是王葆不会做的数学题——会做了，种向日葵比赛——赢了，和同学闹翻后——和好了。想一想，在学习和生活中，王葆还会遇到什么困难和烦恼，结果呢？

9. 小结：看来，王葆在成长中的愿望都能实现，因为（引读）"一得到了这个宝葫芦，可就幸福极了，要什么有什么"。

四、讨论存疑，导读整本书

1. 你们知道吗，一次机缘巧合，王葆真的得到了这个宝葫芦。那么，他真的过上了"要什么有什么"的幸福日子了吗？出示课后"选做"题，讨论交流。

    不会做的数学题——他仍不会做。

    不会种的向日葵——他还不会种。

    不会和同学相处——他还是不会。

2. 没想到宝葫芦带给他的不是想象中的幸福，反而是诸多烦恼。看到这里，同学们一定很想读读王葆的故事吧。（出示书本封面）这篇课文节选自《宝葫芦的秘密》一书，作者是张天翼爷爷。张爷爷写了很多童话书，被誉为"中国的安徒生"。《宝葫芦的秘密》一书中除了调皮想要不劳而获的王葆，还有一些人物形象也十分吸引人，他们是谁？（图片逐一出示，听录音介绍）

    （1）王葆最好的朋友，钓鱼谁也赛不过他。他只要把钓竿一举，就准有一条，保你不落空。（郑小登）

    （2）传达室杨叔叔的侄儿，有小偷小摸的坏习惯。（杨拴儿）

    （3）神奇的小动物，居然会跟人讲话，还挺有哲理的。（金鱼）

3. 有趣的人设，神奇的情节，天马行空的想象……赶紧去读这本书吧！

【设计意图：整本书阅读已不再属于课外阅读，而是被纳入了课内语文教学中。通过节选课文的学习，激发学生阅读整本书的兴趣，这是本单元阅读教学的使命。故事的魅力在于情节的一波三折——以为得到了宝葫芦"可就幸福

极了，要什么有什么"的王葆，却反而添了无穷无尽的烦恼。情节的反转加有趣的人设，这些都让学生产生强烈的阅读期待。】

五、作业设计

1. 小练笔：创编张三、李四等的故事。
2. 课外阅读《宝葫芦的秘密》，感兴趣的还可以去观看动画片。

2017—2018年度
全国小语"十大青年名师"获得者
———— 谈永康

　　特级教师。上海市第四期"双名工程"谈永康攻关计划基地主持人，民进上海市基础教育委员会委员。曾获上海市园丁奖。出版有《生态作文教学》《时间里的中国智慧——我们的二十四节气语文课》等8部著作。

颁奖词

　　谈永康先生是上海市松江区优秀语文教研员，是我的挚友和伙伴。他也是广大小学语文教师的指导老师和不可或缺的帮手。

　　谈永康先生长期在一线从事语文教研工作，他扎根基层，服务学校，受到广大教师的欢迎。

　　他精力充沛，才思敏捷，笔耕不辍，为人谦逊，是一个不可多得的人才、英才、奇才。他那创造性的工作取得了骄人的业绩。他为我国的小学语文教研工作作出了不可磨灭的贡献。

　　我们曾在一起合作共事。我从他身上学到许多东西，我要由衷地感谢谈永康先生对我无私的帮助。

——贾志敏

《将相和》教学设计

◆ 谈永康

教学目标：

1. 认识"璧、臣"等16个生字，读准多音字"将、相、强、划、削"等，会写"召、臣"等13个生字，积累"无价之宝、召集"等词语。

2. 学习运用连读的方法提高阅读速度，理解《将相和》故事的含义，结合事例说说人物给自己留下的印象。

3. 认识将相由不和到和的原因，初步感知将相"和"背后历史人物可贵的价值取向，接受爱国主义教育。

教学课时：

2课时

教学过程：

板块一　了解背景，学字识词

一、导入新课

1. 导入。

小朋友都喜欢听故事，今天我们要一起走进一个历史故事（**出示战国地图**）。这个故事发生在2000多年前的战国时期，当时中原大地政权并立，国家之间战争不断，特别是秦国，倚仗自己力量强大，常常寻找借口进攻别的国家。《将相和》讲述的就是赵国君臣如何抵御秦国、保卫赵国的故事。

2. 解题。

（1）读准课题。课题《将相和》是什么意思？课文中哪一句话直接写了这

一层意思?(从此以后,他俩成了好朋友,同心协力保卫赵国)

(2)理解:同心协力。

重点识记"协"字的字形。请联系"协"的古文字字形,说说"协"字为什么左边是个"十"。

"协"是众人同力的意思。哪个汉字中也有"十"这个偏旁?(博)"博"组成的词往往跟"多"有关系,比如博学就是学问多的意思。

二、学字识字

1. 读准字音。

和氏璧　无价之宝　绝口不提　理亏　抵御

2. 突破重难点。

(1)字音学习重点:强、划、削。

(2)字形学习重点:璧(完璧归赵,可采用"以熟带生"的方法掌握字形,"璧"与"壁"相近);荆(荆,荆条。"荆"是左右结构,右边是"立刀旁")。

【设计意图:《将相和》的故事发生在2000多年前,因此教学时需要提供一定的历史背景。地图一目了然,可以让学生把握故事发生的特殊时代。到了中高年级,字词的学习依然要重视,但要抓重难点,"协"字的学习就是在这种教学思想下的实践。利用古文字、形象理解部件的表意作用、与学过的熟字建立联系、归类识记等方法有利于激发学生的学习兴趣。】

板块二　方法迁移,把握全文

一、回顾小结,进行阅读实践

1. 复习读《搭石》的方法:集中注意力,不要回读。

2. 训练连读方法。

利用多媒体形式,在学生眼前逐个闪现词语和句子(出现时间不超过3秒),让学生说说刚才看到了什么内容,自己是如何看到屏幕内容的。

小结:提高阅读速度,尽可能多地看到词语或句子,做到连词连句地读,不要一字一字地读。

3. 运用学到的速读方法，快速通读全文。

二、检测反馈，整体感知

1. 速读后检测。

课文中的将相分别指谁？课文讲了几个故事？秦王出现在哪些故事里，廉颇呢？

2. 用小标题形式概括三个故事，并梳理相关段落。

【设计意图：提高阅读速度是本单元学习目标，因此要着眼单元要求，疏通课文环节，引导学生复习、迁移已掌握的方法与知识，将提高阅读速度落实到语文实践活动中。】

板块三　学习故事，感受人物

一、扣住"骗"，学习完璧归赵

1. 自由读课文，讨论：完璧归赵的起因是什么，结果怎样？

教师适时穿插提问：

（1）秦国作为当时最强的国家，以城换璧是诚心诚意的吗？你从哪里可以看出来？

（2）"秦国骗璧"你是从哪里看出来的？

2. 蔺相如识破了秦国的骗局，他是怎么做的？从中你看出蔺相如是个怎样的人？

教师适时引导学生抓住课文语言来理解：

（1）语言："我愿意带着和氏璧到秦国去。如果秦王真的拿十五座城来换，我就把璧交给他；如果……"（机智）

行动：满朝文武为难时，蔺相如挺身而出。（勇敢）

（2）语言："这块璧有点儿小毛病，让我指给您看。"（机智）

行动：当蔺相如觉察到秦王没有诚意换璧时，就上前一步，故意说璧上有毛病，把和氏璧要回手中。（机智）

（3）语言："我看您并不想交付十五座城。现在璧在我手里，您要是强逼我，我的脑袋就和璧一起撞碎在这柱子上！"（机智、勇敢）

行动：捧着璧，往后退了几步，靠着柱子站定，举起和氏璧就要向柱子上撞。（机智、勇敢）

二、扣住"拼"，学习渑池之会

1. 读好人物语言。

外交场合说话要讲艺术。课文中描写人物的语言，有的是直接引用，有的是第三人称转述。渑池之会中都写到了谁，说了些什么话，谁来读一读？

2. 渑池之会前前后后，蔺相如说了几次话？"拼"，你从这个字看到了怎样的一个蔺相如？

3. 讨论：渑池之会，赵国与秦国是打成了平局，还是决出了胜负？为什么？

4. 理解"和"。

（1）渑池之会，秦王又没有占到便宜。大家评评看，此时，蔺相如、廉颇是和还是不和？

（2）请大家看"和"字，在《说文解字》中解释为"相应也"。大家说说蔺相如和廉颇在渑池会上是怎样做的。

三、聚焦"和"，学习负荆请罪

1. 读课文，完成填空。

蔺相如在渑池会上又立了功，做了上卿。廉颇（　　），蔺相如就（　　）。有一天见廉颇骑马过来，蔺相如（　　）。后来蔺相如说自己不是（　　），而是（　　），廉颇听闻后就（　　）。

2. 合作学习。

《负荆请罪》这个故事中，蔺相如说话了，廉颇也说话了，我们来读读两个人说的话。小组借助学习单进行合作学习。

> 合作学习单
>
> 1. 分角色朗读将相二人的语言。
> 2. 讨论：将相二人的话有什么不同？
> 3. 推荐一位同学发言，其他人可以补充。

3. 情景对话。

蔺相如的话令廉大将军醒悟过来，于是他去蔺相如府上负荆请罪。请你联系上下文，说说廉大将军请罪时会说些什么。

4. 小结。

将相的"心"是一致的，无论蔺相如还是廉颇，此时心里都想着"我们"，想着国家利益。和，就是心相应。

【设计意图：语文核心素养诸要素中，语言的建构与发展是关键，而思维则是灵魂，是催化剂。我们抓住渑池之会蔺相如的语言，这是第一层面的"筛选"，引导学生充分朗读，入情入境，他们仿佛看见、听见，试着体会、感悟。然后，抓住关键词"厉声呵斥"，这是进一步的筛选，学生聚焦于此，联系历史背景与文本语境，思考、讨论：蔺相如为什么要这样做以及这样做的结果。

学生对语言的表层意义容易理解，但背后蕴含的东西不易发现。渑池会上的斗争，赵国与秦国是打成了平局，还是决出了胜负？为什么？问题看似不难，但学生的答案可能不够全面、深刻。因此，这看似语言表述的问题，本质是要培养学生的批判性思维。的确，渑池之会，两国相争，乍看赵王、秦王打成了平手，谁也不吃亏，实则不然。通过引导，学生深入读书，热烈讨论，把前后情况联系起来思考，阅读能力就提高了。

如何既渗透德育，落实价值取向的辨析与判断，又让学生学有兴趣呢？我们要知道我们面对的是孩子，而儿童是用色彩、声音和形象来思考的，因此本课重点探索价值取向的辨析与课文的结合点，就是教学时抓住了"我们"这个词。课文讲了两个故事，主要人物是蔺相如与廉颇。故事里的蔺相如做人、做事坚持这样的标准：只要对国家有利，他可以拼命，也可以忍让。用他自己的话来说，就是要想到"我们"。而大将军廉颇，在渑池之会后错误地采取了个人主义的价值取向，就是为了个人地位，"不顾国家利益"。这个"我"与"我们"，体现了两人不同的价值取向，导致了两人不同的思想、言行。这里教学时运用了自主读书、合作学习的方式，让学生自己读懂课文，读懂人物。】

板块四　交流心得，布置作业

1. 交流心得。

蔺相如、廉颇同心协力保卫赵国成为一段历史佳话。今天，我们的祖国正在努力实现中华民族伟大的复兴之梦，我们应怎么做？"将相和"给了我们什么启迪？

2. 小结。

我们的国家有十几亿人，无数的"我"组成了中国，在座的每一位同学都要努力成为最好的"我"，同时要同心协力，做最出色的"我们"。

3. 布置作业。

（1）从蔺相如、廉颇中任选一人做个评价，要结合课文内容写清楚理由，不少于150字。

（2）以四人小组为单位排练课本剧《将相和》。

【设计意图：学习小结结合生活实际，以"我"和"我们"为关键词，实现德育无缝衔接，学生听得懂、记得住。作业设计也紧密结合课堂教学，引导学生通过联系，锻炼思考与表达能力。而课本剧的排练，则是语文综合实践活动，融人物理解、语言学习、思维创新、合作活动于一体，学生乐演乐学。】

2016—2017年度
全国小语"十大青年名师"获得者
—— 王林波

特级教师，高级教师。教育部首批领航名师，陕西省教学名师，全国百优教师，全国特级教师教学研究中心委员，全国小语会青年教师研究中心委员，全国名师工作室联盟常务理事，全国写作教学专业委员会理事，全国名师专业发展研究会学术委员会委员，陕西师范大学硕士生导师。曾获全国第七届青年教师阅读教学大赛一等奖及最佳教学设计奖、全国第五届小学语文教师素养大赛特等奖。近年来在各级刊物上发表文章400多篇，应邀上课、讲座500多场次。

颁奖词

用行动成就梦想

对语文，他情有独钟，觉得每堂课都是新鲜的；对同行，他乐于分享，坚持每周一节公开课；对研究，他执着追问，寻找实践的学理依据。他在每个孩子的心里，播下了母语的种子；他在语文教学的探索之旅中，留下了无数个宝贵的印记！

他是副校长，却依然坚守一线，每周一节公开课，为老师们亲身示范；他坚持带领老师们一起研究，工作室成果丰硕；他是特级教师，却能始终坚持研究，形成了朴实风趣的教学风格；他信念坚定，肩负西部地区教育改革的使命与责任，不断探索。他坚信，只要有行动，就能成就梦想；只要敢于坚持，就能创造教育的奇迹！

——薛法根

《太阳》教学设计

◆ 王林波

教学目标：

1. 认识"摄、殖"等4个生字，会写"摄、氏"等9个生字，会写"寸草不生、摄氏度"等词语。

2. 默读课文，能说出课文从哪些方面介绍太阳以及太阳对人类的作用。

3. 能结合课文内容了解列数字、作比较等基本的说明方法，体会运用这些说明方法的好处，初步学习运用这些说明方法进行表达。

教学课时：

2课时

教学过程：

一、故事引入，揭示课题

1. 出示图片，引入神话故事《后羿射日》。

2. 这个神话故事流传广泛，就是因为它有着神奇的色彩，丰富的想象。同学们，我们都学过科学，懂得不少科学知识，如果用科学的思维方式来思考，用科学的眼光来审视，你如何看待"后羿射日"这件事？

3. 同学们，今天我们就来学习一篇说明文《太阳》，让我们齐读课题。

【设计意图：从神话故事引入，先感受其丰富的想象、神奇的色彩，再学习课文时就能形成鲜明的对比，这样，学生就能清晰地认识到说明文的特点。】

二、整体感知，认读字词

1. 这是一篇说明文，是我们小学阶段学习的第一篇真正意义上的说明文。那么说明文有什么样的特点呢？我们来看看叶圣陶先生是怎么说的。

出示：说明文以"说明白了"为成功。——叶圣陶

2. 请同学们自由读一读这篇课文，注意读准字音，读通句子，同时想一想，读了这篇说明文，关于太阳，你都知道了哪些知识。注意在读的过程中勾画出来。（学生自读，勾画，教师巡视）

3. 同学们一定了解了不少关于太阳的知识，我们现场考一考，来一个知识抢答，好不好？

课件依次出示：

（1）太阳离我们有多远？飞机要飞多久，那步行呢？

（2）多少个地球才抵得上一个太阳那么大？它看起来只有盘子那么大，为什么？（学生板书"抵得上"）

（3）太阳的表面温度有多少摄氏度？钢铁碰到它会变成什么？（学生板书"摄氏度"）

（4）太阳和我们关系密切，有了太阳，鸟、兽、鱼、虫才能——？没有太阳，地球上不仅不会有动物，也不会有——？（学生板书"繁殖、植物"）

（5）我们吃的什么也跟太阳有着密切的关系？（学生板书"粮食"）

4. 指导书写。

（1）同学们看看板书，"摄、氏"是本课的生字，书写时要注意些什么，谁来说说看？

（教师示范书写）

（2）引导学生辨析"殖、植"，指导书写"殖"。

（3）"粮、食"这两个字有什么相似之处？书写"粮"时要注意什么？

5. 整体感知，把握太阳的特点。

刚刚的几个抢答题实际上已经讲到了太阳的主要特点，谁能来总结一下？

（学生回答后上台板书：远、大、热、关系密切）

【设计意图：学习语文一定要带着学生在课文里走个来回，这一环节实际上就是要让学生读懂内容，了解关于太阳的知识。通过抢答游戏的方式，能够有效激发学生的积极性，让学生积极主动地完成对课文内容的学习。】

三、体会说明效果，习得说明方法

（一）学习第1—3自然段，体会列数字、作比较的说明方法的表达效果。

1. 发现列数字的说明方法。

（1）请大家读一读课文第1—3自然段，画出这三个自然段中的数字来。

（2）学生默读勾画。

2. 感受列数字说明的精准。

出示句子：太阳会发光，会发热，是个大火球。太阳的温度很高，表面温度有五千多摄氏度，就是钢铁碰到它，也会变成气体。

（1）指名读。

"太阳的温度很高"，读了这句话我们一下子就了解了，作者的介绍非常清楚，也非常准确，因为作者用到了一个数字——五千多。

（2）像这样用数字来说明的句子还有很多，谁来找一个读给大家听？

句子一：其实，太阳离我们约有一亿五千万千米远。

句子二：到太阳上去，如果步行，日夜不停地走，差不多要走三千五百年；就是坐飞机，也要飞二十几年。

①刚刚我们说了，作者运用数字，能够让我们感受到说明文说明精准的特点，可是，反复读这句话，你会发现，好像不是特别准确，你关注到了哪个词？（差不多、二十几。）

②用上了"差不多""二十几"到底是表达更精准，还是不精准了呢？你怎么看？

③学生讨论，交流。

④再读句子，体会精准的表达。

3. 学习作比较的说明方法。

（1）课文第2自然段中也有一个带有数字的句子，谁来读一读？

出示句子：我们看到太阳，觉得它并不大，实际上它大得很，约一百三十万个地球的体积才能抵得上一个太阳。

（2）这句话不仅写到了太阳，还写到了地球，这样就把太阳介绍得更清楚了。谁知道这句话除了列数字，还用到了哪种说明方法？（作比较）

（3）真好。作者为了介绍清楚相对陌生的事物，就用我们熟悉的事物来做比较，这样我们就更容易读明白。同学们，对于太阳的温度我们相对陌生，但是水沸腾的温度、钢铁熔化的温度我们就相对熟悉，是不是也可以用这种作比较的方法来写呢？同学们根据老师出示的资料，试着写一写。（提示：可以先用数学知识来进行计算，然后再写）

出示句子：水的沸点为100摄氏度，钢铁的熔点约为1500摄氏度。

太阳会发光，会发热，是个大火球。太阳的温度很高，表面温度有五千多摄氏度，就是钢铁碰到它，也会变成气体。

【设计意图：《语文课程标准（2011年版）》明确指出，语文课程是一门学习语言文字运用的综合性、实践性课程。学习语文，不能仅仅停留在赏析表达方法的层面上，一定要走向实践运用。这一环节先引导学生发现说明方法，体会表达效果，再创设情境，引导学生进行表达，就是要让学生在语言实践的过程中提升语言表达的能力。】

（二）学习第4—8自然段，体会太阳和人类关系的密切，学习举例子的说明方法。

1. 默读课文第4—8自然段，想一想：课文从哪几个方面写出了太阳和人类关系的密切？勾画出来。

2. 引导交流：说说太阳和人类关系密切体现在哪些方面。

（1）联系生活经验，从吃、穿、用等方面进行交流。

（2）回顾课文《我是什么》，说说太阳对气候的影响有哪些。

3. 太阳和人类关系密切，这一知识点本来不容易理解，但是作者却介绍得非常清楚，我们读了课文，一下子就明白了，作者表达的秘密在哪里呢？下面让我们聚焦课文第4自然段进行深入的学习。

（1）默读课文第4自然段，看看你能不能发现作者表达的秘密。

（2）引导交流，明白作者举了例子，而且是跟我们关系密切，甚至是我们熟悉的。

（3）学生读第4自然段，体会举例子说明的好处。

（4）同学们，如果说到熟悉，下面这些事物你们一定更加熟悉——

穿：校服、运动鞋……

戴：红领巾、帽子、围巾……

用：作业本、美术纸、抄写本、课本……

吃：……

喝：……

如果是让同学们来介绍太阳，相信大家一定会选择我们更熟悉的事物来举例子，咱们试着写一写。

（5）学生动笔，运用举例子的方法来写。

太阳虽然离我们很远很远，但是它和我们的关系非常密切。我们的吃、穿、喝、用……都和太阳有着密切关系。

（6）学生交流。

【设计意图：习作单元的教学就是要从阅读中学习表达的方法，教学习作单元的课文，一定要引导学生发现方法，并不断创设情境，让学生进行实践，在层层推进的语言实践活动中提升表达能力。这里再次创设情境，让学生联系生活进行表达，就是要让学生在轻松愉快的氛围中落实语言表达，掌握本课所学的说明方法。】

四、作业布置

1. 书写本课所学的生字。
2. 尝试着根据以下资料用学到的说明方法介绍月球。

有关月球的资料：

与地球之间的距离大约是384402千米

月球的年龄大约是46亿年

体积大约只有地球的1/49

月球表面的重力约是地球重力的1/6

在月球赤道外，中午气温高达127℃，在黎明前则下降到-183℃

2018—2019年度
全国小语"十大青年名师"获得者
——郑梨花

广西小学语文中心组成员,广西部编小学语文教材培训专家。曾获全国"七彩语文"素养大赛一等奖、广西中小学教师技能大赛一等奖、柳州市青赛课一等奖等奖项。多篇论文获自治区一等奖,在教育教学期刊刊登。在全国各地做公开展示课、讲座近百节。

颁奖词

梨花宁静纯粹。入职以来,她只痴迷地做教育这一件事,她的课在教室,在公园,在大自然,在网络平台……她每天陪着学生练字、读书、写作,孩子总能从她富有感染力的笑容中找到向上向善的力量,更亲切地唤她为"小花"老师。

梨花素雅别致。她向书学习,向周围所有人学习,向万事万物学习,向每一次人生的幸运与坎坷学习……以至她的课有大气象,有小温暖,最是那一抹洁白,开在心头。

梨花暗香凌寒。她在讲座、赛课、展示课上和来自不同地区的老师们交流碰撞;教学科研路上,她孜孜以求,不停探索,花香四溢。

"梨花淡白柳深青,柳絮飞时花满城",愿梨花开得更饱满,更坚定,更芬芳。

——陆劲桓

《四季之美》教学设计

◆ 郑梨花

教学目标：

1. 有感情地朗读课文，并尝试背诵。
2. 能联系上下文，体会景物的动态描写。
3. 归类梳理，对比阅读，体会景物的独特韵味。

教学重点：

联系上下文，体会景物的动态描写。

教学课时：

2课时

教学过程：

一、揭题导入，整体把握文章内容

1. 读题，明确文体：这是一篇写景散文。

2. 根据题意，找中心句，把握文章主要内容。

（1）思考：文章每个自然段分别写的是什么时候的景？

明确：第1—4自然段分别写的是春、夏、秋、冬的景。

（2）说清判断依据：每个自然段的第1句直接告诉读者该段描写的是哪个季节的景。

（3）画住每段第1句，明确中心句的作用。

3. 解析中心句，探寻独特写法。

（1）齐读4句中心句。

(2) 学生自由提问：为什么春天最美是黎明而不是夜晚？为什么夏天最美是夜晚而不是黄昏？清晨和黎明有什么不一样……

(3) 小结：说明这个季节、这个时间段的景有独特之处。（板书：独特韵味）

【设计意图：此环节通过抓中心句，梳理行文脉络，把握文章主要内容。通过写景散文的文体定位与中心句，从而推断一定季节、一定时间段的景一定有其独特韵味，为整篇文章的学习定调。】

二、触摸全文，感受选景的独特美

1. 阅读文章，勾画自己喜欢的写景的句子。

2. 交流汇报，读读自己勾画的句子。

3. 引导学生找到描写景的句子，并圈画出来。

4. 课件出示：

天空　红晕　彩云

细雨　夜晚　萤火虫

夕阳　归鸦　大雁

落雪　白霜　炭火

5. 齐读这些词语。

6. 质疑中发现我们写作时的选景与作者选景的不同。

(1) 我们写春天，通常写花、草、嫩芽等景物。

(2) 我们写夏天，一般写荷花、知了、西瓜等。

(3) 秋天，我们通常写丰收、落叶等。

小结：作者所写的春、夏、秋的景物是我们意料之外的。

(4) 冬天我们通常写雪、凋零的植物、动物冬眠等。

小结：作者所写的冬天的景物基本是在我们意料之中的。

【设计意图：这一环节让学生自由读课文，贴近文本，熟悉文字，再个性化表达自己印象深刻的景物，在交流中提取四季的景物，让学生对所描述的对象有一个整体的把握。】

三、美读短语，感受景物的形态美

过渡：这些景几乎都在我们意料之外，这就是作者独特的观察视角。那么，这些景还有什么独特的韵味呢，就让我们找一找描写这些景物的词语，看看你有什么发现。

1. 生默读、圈画描写景物的形容词。

2. 生汇报圈画结果。

3. 课件出示：

鱼肚色的天空　微微的红晕　红紫红紫的彩云

无数的萤火虫　翩翩飞舞　闪着朦胧的微光

夕阳斜照西山　点点归鸦　成群结队的大雁　遍地铺满白霜　熊熊的炭火

4. 生朗读短语。

5. 把这些短语按"数量""颜色""状态"进行分类。

6. 有感情朗读，感受景物的独特韵味。

【设计意图：课后习题要求反复朗读课文，体会作者笔下四季之美的独特韵味。而在本单元"词句段运用"板块，重点学习运用形容词把一个画面写具体的方法，所举的例子正好为本课内容。因此在本环节教学时，要抓画面，找形容词，并归类整理，在理解的基础上有感情朗读，感受其独特韵味。】

四、联系上下文，体会景物的动态美

（一）聚焦春天的黎明，发现景物的动态描写。

1. 关注动词，发现景物是动态变化的。

2. 圈画：泛着、染上、飘着。

3. 创设情境：在教师的语言渲染中读出春天黎明天空的变化。

4. 猜读：猜一猜，接下来天空还会怎么变。

5. 生发挥想象猜。

小结：这时的天空让我们充满了好奇，充满了期待，这就是春天黎明的独特韵味。

【设计意图：动态描写既是本单元语文要素的阅读要求，也是课后习题重

点学习的内容。聚焦未画线语句，就能迅速发现景物的动态变化，便于直接切入教学核心目标。教学时，让学生在想象地读与猜读中感受春天黎明的天空变化不定的特点，从而体会其独特韵味。】

（二）聚焦夏季景物的动态描写，读出景物的独特韵味。

1. 默读、圈画夏、秋、冬季描写景物的动作词。

2. 生交流汇报这些词。

3. 发现夏、秋动态描写的相似点：夏天的萤火虫、秋天的归鸦、大雁的动作都是——飞。

（1）教师范读，学生边听边思考暗夜和雨夜萤火虫的飞有什么不同。

（2）生说理解。引导学生抓关键词理解。

①抓表示环境的词："漆黑漆黑的暗夜""蒙蒙细雨的夜晚"，体会"飞"的环境不同。

②抓数量词："无数""一只两只"，体会"飞"的数量不同。

③抓形态词："翩翩飞舞""闪着朦胧的微光"，体会"飞"的形态与心情的不同。

4. 创设情境。学生分角色扮演，起立说出萤火虫暗夜飞舞的目的与心情。

5. 视频补充，感受萤火虫"飞"的不同。

（1）先观看无数萤火虫夜间从草丛间飞出来的视频。

（2）生说感受：萤火虫暗夜飞舞的壮观。

（3）再看雨夜里萤火虫飞行的视频，生——坐下，剩两人站着。

（4）让站着的两名同学说说雨夜飞行的目的，其他同学评价这两只萤火虫。

6. 美读感受。

小结：我们首先理解两种状态下描写萤火虫数量、状态、环境的不同词语，再把自己想象成两种不同状态下的萤火虫，探寻萤火虫的内心想法，从而体会到暗夜里萤火虫飞时的壮观，而雨夜里萤火虫飞得有点冷清和孤独。

（板书：壮观、冷清）

【设计意图：课后练习要求联系上下文，体会句子中的动态描写。本环节紧扣课后习题与语文要素，学生在对比阅读中，抓描写天气、数量、状态的关键词，联系上下文，运用情境体验、美读想象等方法体会萤火虫夜行的两种不同的精神诉求。】

（三）聚焦秋季景物的动态描写，读出景物的独特韵味。

1. 运用品读夏季萤火虫飞行的方法，小组讨论探究归鸦、大雁飞行的独特韵味。

用抓关键词、联系上下文与生活实际、情境补白的方法默读"秋天的黄昏"段落，思考：归鸦和大雁的飞能读出什么独特韵味。

2. 小组讨论，交流汇报。

（1）抓数量词："点点""成群结队""比翼而飞"，体会归鸦和大雁飞行姿态的不同。

（2）抓描写心情的词："急急匆匆"，体会归鸦急切回巢的心情。

3. 生美读，感受两种飞行的独特韵味。

（1）生齐读。

（2）师指导读：归鸦心情急切，飞行散乱。读出群鸟归林的场景。大雁是整齐、匀速地飞。全班整齐、响亮地读。

4. 出示两组图片，感受两个飞行场面的独特韵味。

小结：同样是"飞"，目的地不同，生活习性不同，飞的状态自然也不同。归鸦是急切的，大雁是整齐的。（板书：急切、整齐）

（四）对比归纳春天黎明天空的动态变化的特点。

1. 对比夏、秋两季萤火虫、归鸦、大雁的动态特点，用一个词概括春天黎明天空的动态。

2. 明确：安闲、缓慢。

（板书：缓慢）

小结：四季的独特韵味体现在景选得独特，景物的颜色、数量和状态独特，而景物的动态更是各不相同。大自然的万事万物都在动着，有的动是生命的勃发与壮观，有的动是内心的倔强与孤独，有的动是归家的急切与温暖，有的动是集体的团结与爱护。

【设计意图：用前一段学习的方法，自己默读、思考，小组合作学习，让学生在讨论中理解文字表达的意思，在对比思考中感悟乌鸦的爱、大雁的团结，在情境化的朗读中感受"飞"的不同韵味。最后回顾板书，梳理本文动态描写丰富而充满生命张力的特点。】

（五）生填空背诵，进行语言积累。

【设计意图：一堂课下来，学生能充分理解文字表达的内容，基本能背诵下来，这是语言积累最好的方式。】

五、对比读句，探寻冬晨的趣味美

1. 默读最后一段，思考：作者为什么喜欢冬天的早晨？
2. 生默读，画句子。
3. 生交流思考，发现写作中对比手法的运用。

（1）天气对比：有雪和无雪。

（2）心情对比：落雪时美，无雪无霜时闲逸；中午火炭燃尽了，很扫兴。

4. 体会对比的作用：凸显出作者对冬天早晨的喜爱。

【设计意图：作者在这一段选择描写的景物大致在我们的意料之中。值得注意的是，文中对比手法的运用，在对比中体会作者对冬晨的喜爱，理解"扫兴"只是为了衬托清晨的闲逸而已。】

六、结课，拓展阅读

与其说一个火盆让万物凋零的冬天变得意趣盎然；不如说，是作者发现了四季不同的美。清少纳言是一名日本作家，这篇《四季之美》出自她的散文集《枕草子》。整本书内容有趣而温暖，我们也可以找来读一读。

板书设计：

四季之美

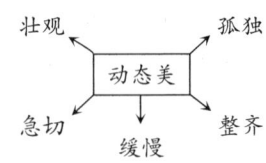

2015—2016年度
全国小语"十大青年名师"获得者
—— 蒋军晶

特级教师，高级教师。儿童小说创作者，致力推广群文阅读、班级读书会。曾获2017年全人教育奖提名奖，第六届全国青年教师阅读教学评比一等奖。著有儿童小说《流鼻涕的秋天》《41℃演讲》《猪猪猪，不见了》，助学读物《诗词大发现》《作文九问》《小学生群文读本》，教学研究书籍《如何设计阅读单》《和孩子聊书吧》《让学生学会阅读》《让孩子学会写作》《教室里的文学课》《瞧，这样的语文有意思》等。

《四季之美》教学设计

◆ 蒋军晶

教学目标：

1. 借助关键词句，联系上下文，初步体会景物的动态描写。
2. 体会景物描写中的情感，有感情地朗读课文、背诵课文。

教学过程：

一、作者的选择

1. 今天我们要学的课文选自一本书《枕草子》。枕，是"枕头"的意思，"草子"的意思是"草稿本"，所以《枕草子》的大致意思是放在枕边的笔记本。作者是清少纳言。这个名字正确的读法是清——少纳言，"清"是"姓"，"少纳言"是官名，"清少纳言"就好像我们叫一个人李部长、张厅长。清少纳言在《枕草子》里写的都是一些短小的随笔，短的就两三句话，长的用白话文翻译也就两三百字。这些随笔都记录了些什么呢？我们来看一下。

> 闻声而跳过来的小雀儿
>
> 在女人怀中睡着的幼儿
>
> 极小的荷叶和极小的葵叶
>
> 用幼稚的声音念书的八九岁的男孩
>
> 跟在母鸡后咻咻叫的白色长脚小鸡

2. 《四季之美》是《枕草子》里的第一篇随笔，清少纳言用较短的篇幅写了春、夏、秋、冬四季之美。因此，要完成这篇随笔，清少纳言首先要做的一件事就是——选择。

> 四季之美
>
> 春天最美是……
>
> 夏天最美是……
>
> 秋天最美是……
>
> 冬天最美是……

3. 关于四季之美的诗文我们看得不少，大家来回忆一下，大部分人写四季之美都会选择写哪些有代表性的景物？

　　　　　春天写百花齐放，万物复苏。

　　　　　夏天写绿树成荫，荷叶圆圆。

　　　　　秋天写果实累累，落叶纷飞。

　　　　　冬天写千里冰封，万里雪飘。

4. 请你读读整篇文章，简单说说清少纳言是怎么选择的。（顺便正音）

每个季节选择写一个时间点。

每个季节不是选择写大家觉得美的景物，而是选择写自己觉得最美的景物。

> 　　春天最美是黎明。东方一点儿一点儿泛着鱼肚色的天空，染上微微的红晕，飘着红紫红紫的彩云。
>
> 　　夏天最美是夜晚。明亮的月夜固然美，漆黑漆黑的暗夜，也有无数的萤火虫翩翩飞舞。即使是蒙蒙细雨的夜晚，也有一只两只萤火虫，闪着朦胧的微光在飞行，这情景着实迷人。
>
> 　　秋天最美是黄昏。夕阳斜照西山时，动人的是点点归鸦急急匆匆地朝巢里飞去。成群结队的大雁，在高空中比翼而飞，更是叫人感动。夕阳西沉，夜幕降临，那风声、虫鸣，听起来也愈发叫人心旷神怡。

> 冬天最美是早晨。落雪的早晨当然美，就是在遍地铺满白霜的早晨，或是在无雪无霜的凛冽的清晨，也要生起熊熊的炭火。手捧着暖和的火盆穿过走廊时，那闲逸的心情和这寒冷的冬晨多么和谐啊！只是到了中午，寒气渐退，火盆里的火炭，大多变成了一堆白灰，这未免令人有点儿扫兴。

二、感受春天"色彩渐变"之美

1. 我们先来读"春天"，春天黎明的天空，是什么吸引了清少纳言呢？

> 春天最美是黎明。东方一点儿一点儿泛着鱼肚色的天空，染上微微的红晕，飘着红紫红紫的彩云。

是天空中鲜艳的颜色吸引了清少纳言。（鱼肚色、红、红紫）

2. 这些颜色，你们认真看过吗？我们来欣赏一些画面。（图片）

3. 这些颜色确实美，老师也来写一段话，把这些颜色写进去，你们比较一下，想一想，哪段话写的景色更美一些？

> 春天最美是黎明。东方一点儿一点儿泛着鱼肚色的天空，染上微微的红晕，飘着红紫红紫的彩云。
>
> 春天最美是黎明。东方有鱼肚色的天空，有微微的红晕，有红紫红紫的彩云。

4. 你们为什么都觉得第1段写得美呢？（第1段里有很生动的动词）请大家小组讨论，这些动词好在哪里？

"泛"字写出了鱼肚色是慢慢透出来的，和"一点儿一点儿"非常吻合。
"染"让人感觉红色是一层一层逐渐浓起来、清晰起来，像有人在画画。
"飘"字让人觉得这云很悠闲，很飘逸。
——这三个动词让原来静态的画面动起来了，但却是缓慢地动。

5. 带着我们自己的理解读一读这段话。

三、感受夏天"萤火微闪"之美

1. 下面我们来读"夏天",走进夏天的夜晚,边读边想,清少纳言在这一段里写了几种"夜晚"。

> 夏天最美是夜晚。明亮的月夜固然美,漆黑漆黑的暗夜,也有无数的萤火虫翩翩飞舞。即使是蒙蒙细雨的夜晚,也有一只两只萤火虫,闪着朦胧的微光在飞行,这情景着实迷人。

写了三种夜晚:①明亮的月夜。②漆黑的暗夜,有无数的萤火虫飞舞。③蒙蒙细雨的夜晚,有一只两只萤火虫在飞。

2. 这三种夜晚,清少纳言更喜欢哪一种?(第三种)第三种夜晚吸引清少纳言的是什么呢?小组讨论。

> ①明亮的月夜固然美。
> ②漆黑漆黑的暗夜,也有无数的萤火虫翩翩飞舞。
> ③即使是蒙蒙细雨的夜晚,也有一只两只萤火虫,闪着朦胧的微光在飞行,这情景着实迷人。

蒙蒙细雨,朦胧的少量的光让夜晚有一种神秘感。

下雨的夜晚,按理萤火虫都不见了,那一两只萤火虫给人带来惊喜。

漆黑的夜、细雨、朦胧的微光,让人感觉特别浪漫。

……

3. 让我们带着自己的理解读一读。

四、感受秋天"万物归巢"之美

1. 下面我们来读"秋天",在秋天的黄昏里,作者清少纳言看见和听见了什么呢?

> 秋天最美是黄昏。夕阳斜照西山时,动人的是点点归鸦急急匆匆地朝窠里飞去。成群结队的大雁,在高空中比翼而飞,更是叫人感动。夕阳西沉,夜幕降临,那风声、虫鸣,听起来也愈发叫人心旷神怡。

夕阳西下、乌鸦归巢、大雁南飞、风声虫鸣。

2. 清少纳言生活的时期相当于中国宋朝时期。其实，这些场景，中国的古诗词里也经常出现。我们来读读，边读边感受，当诗句里出现这些景物的时候，诗人往往在抒发什么感受？

> 枯藤老树昏鸦。
> 夕阳西下，断肠人在天涯。
> 雁过也，正伤心，却是旧时相识。
> 萧萧梧叶送寒声，江上秋风动客情。

诗人在抒发寂寞的感受和悲伤之情。

3. 清少纳言也写到夕阳、乌鸦、大雁、秋风，给读者的感受是孤独、寂寥、悲伤吗？（不是）给我们的感受是什么？

动人、感动、心旷神怡。

4. 再读读这段话，你们能从字里行间发现感动的原因吗？

"急急匆匆"这个词语让我感受到乌鸦急着回家，可能是急着回去照顾它的幼儿。

"比翼而飞"这个词语让我觉得这是一对大雁恋人。

"成群结队"这个词让我觉得大雁不孤独，它们很团结。

也许风儿在弹奏，在与归鸦、大雁打招呼……

夕阳西下、乌鸦归巢、大雁南飞都是描写夕阳、乌鸦、大雁在寻找归宿，在回家，让人感到温暖。

5. 让我们带着自己的理解有感情地朗读。

五、感受冬天"身心温暖"之美

1. 有人说，冬天的美和前面三个季节的美不太一样。读一读，想一想，有什么不一样？

> 冬天最美是早晨。落雪的早晨当然美，就是在遍地铺满白霜的早晨，或是在无雪无霜的凛冽的清晨，也要生起熊熊的炭火。手捧着暖和的火盆穿过走廊时，那闲逸的心情和这寒冷的冬晨多么和谐啊！只是到了中午，寒气渐退，火盆里的火炭，大多变成了一堆白灰，这未免令人有点儿扫兴。

前面三个季节都有美的画面，是用眼睛去捕捉的，而冬季主要是在写感受——温暖的感受。

2. 产生这美好的感受是有条件的，是什么条件？

要在冬天凛冽的清晨。（解释"凛冽"）

要炉火很旺，有暖和的火盆。

3. 冬天的中午为什么就没有这种感受？早晨和中午有这么大区别吗？区别在哪里？

冬天的中午寒气渐退，不够冷。

冬天的中午炉火熄灭了，不够暖和。

冬天的中午，冷和热反差还不够大。

4. 小结：冬天的早晨最吸引清少纳言的，不是色变之美，不是物动之美，而是寒冷时手捧着暖和的火盆的感觉。你发现了吗？在这篇优美的文章里，有静态的美，有动态的美，还有侧重于内心感受的美。

5. 让我们带着自己的理解读一读。

六、四季之美

下面我们把四季之美放在一起，四季具体的景色当然不同，但你有没有发现清少纳言笔下的四季之美的共同点？

清少纳言都是写身边的景物、细微的景物。

清少纳言注重写自己内心的独特感受。

……

2016—2017年度
全国小语"十大青年名师"获得者
—— 彭才华

高级教师。广东省名师工作室主持人,广东省五一劳动奖章获得者,广东省首届教学能力大赛小学教育组总冠军。《小学教学》封面人物,入选《广东小学语文改革30年名师名录》。主持研发课题成果"广·快作文"在百余所学校推广。著有《语文如歌》《如歌,指向更美的语文》等。

颁奖词

庄子曰:"天地有大美而不言。"他妙释《庖丁解牛》,让屠宰牛羊的力气活媲美"桑林之舞",也媲美"咸池之乐"。在"游刃有余"中,享受挥洒自如的美感和快乐。

节奏是艺术的灵魂,旋律是音乐的血肉,他的教学张弛有度,起伏错落,疏密相间,徐疾相生,动静相谐,体现出和谐中的变化和变化中的和谐。连休止符也运用到教学中,给学生留下静心回味、反刍消化的时间。

歌以情生,辞因情动,语文如歌的核心就是一个"情"字。课到精彩处,情到深处时,学生总能率性而为,纵情放言,手之舞之,足之蹈之,这是多么美好的教学景象!

语文如歌,是生命之歌;如歌的语文,是诗性的语文。他就是语文教坛上的歌者——彭才华。

——杨再隋

拾级而上，读懂长征精神
——《七律·长征》教学设计

◆彭才华

教学目标：

1. 学习生字、新词；正确、流利、有感情地朗读、背诵诗歌。

2. 感悟诗歌所运用的反差手法，深入理解红军的革命乐观主义精神。

3. 走近毛泽东，从领袖、诗人、凡人和伟人等多角度感受人物形象。

教学课时：

1课时

教学过程：

一、初读《长征》：感受领袖气势

1. 书写伟人名字，朗读名字。（强调：声音传递情感）

2. 初识七律，学习字词。（字词重点：七律、五岭、逶迤、磅礴、云崖、铁索……）

3. 齐读诗歌，读通诗句。

4. 聚焦"不怕"，读出气势。（强调：声音表达意义）

【设计意图：提起长征，那是多么了不起的壮举；说到毛泽东，那是多么了不起的领袖。这些大概是每个人的基本印象。本环节就从这基本印象开始，从朗读伟人的名字开始，从基础的读准、读通开始，感受声音的力量，感受汉

字的神奇。】

二、再读《长征》：品味诗人文章

1. 感悟选材。

（1）说说自己了解的长征。

（2）借助资料，说说长征之"长"指什么。

（3）呈现相关文学、影视作品，表现长征之"长"。

（4）再读《长征》，感悟诗人先概括后具体、选取典型事例的写法。

2. 感悟"反差"。

（1）诗人是怎么写出红军"不怕"远征难的？学生再读诗句，想一想，讨论讨论。

（2）汇报交流，相机引导学生感悟反差的写法。

（3）举一反三：学生在诗句中找找其他运用反差手法的诗句。

（4）突破难点：

金沙水拍云崖暖——讲述故事，启发理解。

大渡桥横铁索寒——列举"寒"的三种解释，学生选择。

3. 朗读诗歌：通过反差，读出"不怕"。

4. 背诵全诗。

【设计意图：《七律·长征》写作的妙处自然不止一二，本课只着意于"选材"与"反差"两种。教学围绕诗歌"不怕"之主旨，又以反差为重点，引领学生发现和感悟修辞的力量。如此，在学生心里，诗歌的写作妙处渐渐显豁，作者的形象也渐渐立体、丰满。】

三、参读《长征》：体会凡人情感

1. 过渡：长征路上也有伤痛与牺牲，毛泽东也有凡人的情感。

2. 播放毛泽东长征途中三次落泪的影视片段。

【设计意图：众人皆知的、众人都在传播的未必就代表事情的全部。阅读教学应该有这样一种追求,那就是把学生感觉的、情感的、思想的触角变得更敏感、更细腻一些。这一环节,让毛泽东回归到凡人,学生们对长征就有了更深的理解。】

四、悟读《长征》:理解伟人精神

1. 找寻"不怕"之原因。

(1) 为什么说"红军不怕远征难"?

(2) 呈现《过雪山草地》歌词及毛泽东名言,寻找原因。

> 风雨侵衣骨更硬,
>
> 野菜充饥志越坚。
>
> 官兵一致同甘苦,
>
> 革命理想高于天。

(3) 小结:长征精神。

2. 诵读"不怕"之证明。

(1) 说说自己理解的"长征精神"。

(2) 呈现毛泽东在长征路上创作的相关诗词,引导激情诵读。

踏遍青山人未老,风景这边独好。——《清平乐·会昌》

雄关漫道真如铁,而今迈步从头越。——《忆秦娥·娄山关》

今日长缨在手,何时缚住苍龙?——《清平乐·六盘山》

3. 内化"不怕"之精神。

(1) 欣赏电影片段,了解长征精神之于长征的重要意义。

(2) 激情诵读《七律·长征》。

(3) 再次朗读伟人名字。

【设计意图:在学生心里,经历了长征之艰难,长征之"不怕"的精神才更真实;在学生心里,经历了对"凡人"的全新认知之后,一个真正的伟人形象便巍然屹立。】

板书设计：

2015—2016年度
全国小语"十大青年名师"获得者
———— 汪洁琴

特级教师。安徽省安庆市小学语文学科带头人，安庆市小学语文名师工作室主持人，安庆市优秀教师，安庆市最美教师，安庆市先进教研个人，安庆市十佳青年教师，安庆市十佳小学语文教师，安徽省中小学专业评审专家库成员，《小学语文教学》签约作者。

《狼牙山五壮士》教学设计

◆汪洁琴

教学目标：

1. 学习生字词，了解故事背景，理解课文内容。

2. 练习列小标题，概括课文的主要内容，简要讲述故事。

3. 学习点面结合的描写方法，体会点面结合的好处，领悟"关键点"的精妙表达。

4. 感受五壮士的英雄气概和为革命事业壮烈牺牲的大无畏精神，激发学生热爱祖国的情感。

教学课时：

2课时

教学过程：

第一课时

一、学习字词，了解故事背景

1. 读准字音，理解词意。

日寇　晋察冀根据地　游击战争　大举进犯

斩钉截铁　热血沸腾　壮烈豪迈

2. 练习用以上词语说说课文写了一件什么事。

3. 出示抗日战争背景资料，学生阅读。

二、结合习题，概括故事内容

1. 默读课文，根据课文内容填空。

接受任务——（　　　　）——（　　　　）——（　　　　）——跳下悬崖

2. 小组合作，简要讲述故事。

三、默读课文，交流人物印象

1. 默读课文，想想五位壮士给你留下了什么印象。批注你的阅读感受。

2. 交流你认为最能体现英雄壮举的句段。

第二课时

一、学习第一次掩护部分，认识点面结合的描写方法

（一）品读词句，感受五位战士的不同表现

1. 回顾上节课，想想五位壮士给你留下了什么印象。（英勇顽强、宁死不屈、忠于革命）

2. 课文是怎么写这五位战士各自表现的呢？请同学们再次默读第2自然段，圈画给你印象深刻的词句。

3. 汇报交流：哪些词句给你留下了深刻的印象？你从中又体会到了什么？

预设：

（1）班长马宝玉沉着地指挥战斗，让敌人走近了，才下命令狠狠地打。

引导学生抓住"沉着"一词思考：我方仅仅五位战士，面对人数比我们多得多的疯狂逼近的敌人，为什么马宝玉还那么沉着？体会班长内心的镇定强大、沉稳果敢。

"让敌人走近了，才下命令狠狠地打"这句话体现出马宝玉作战经验丰富，力求打得稳、准、狠。

（2）副班长葛振林打一枪就大吼一声，好像细小的枪口喷不完他的满腔怒火。

思考：你从"满腔怒火"读出了什么？

联系抗日战争背景资料，我们能读出副班长对敌人的满腔仇恨，这也是中

国人民共同的仇恨。他把满腔仇恨化作抗战激情，誓把敌人消灭干净。

（3）战士宋学义扔手榴弹总要把胳膊抡一个圈，好使出浑身的力气。

引导学生抓住动作描写，体会宋学义拼尽全力奋勇杀敌。

（4）胡德林和胡福才这两个小战士把脸绷得紧紧的，全神贯注地瞄准敌人射击。

从"全神贯注"一词体会他们的严肃认真、一丝不苟。

4. 五位战士作战时的表现有什么异同点？

预设：他们都一样地英勇顽强，一样有爱国热情，但又有不同的动作、神态，体现了不同的个性特点。

【设计意图：从整体群像的感知到个体形象的认识，既让学生感受到五壮士的英勇无畏、同仇敌忾，又让学生体会五位战士各自的表现，自然渗透了"点面结合"。这里是以"感性"的方式学习语文的"概念"。】

（二）初识点面结合的描写方法，领悟表达的好处

1. 认识"点面结合"：课文是怎样来写这五位战士的呢？

预设：课文先从整体上写五位战士的表现，这是"面"的描写；再一个一个地写他们的不同表现，这是"点"的描写；把整体的和个体的描写结合起来，就叫点面结合。

2. 把"点"和"面"结合起来写有什么好处呢？

预设："点面结合"式的描写，既让我们感受到五位战士作为一个团队，有着共同的战斗特点，又让我们了解到每个人的战斗风采。尤其是"点"的描写，让这些鲜活的人物、独特的形象清晰地展现在我们的面前，读来特别有画面感，这就是点面结合的好处。

3. 今后我们写一个场面可以怎么写？

预设：我们可以整体写"面"，再写一个一个鲜明的"点"。

【设计意图：学生学习"点面结合"，不仅仅是知晓这个概念，还应该体会这种表达的好处，并且能有运用的意识。教学有梯度地指向"语用"。】

（三）体会"点"的有序表达

1. 我们看作者是按照怎样的顺序来写这些"点"的。

提示：班长—副班长—战士—两个小战士。

2. 这个顺序能不能调换？

提示：不能调换。作者先从班长写起，班长指挥着整场战斗，是团队的核心、灵魂人物；其次是副班长，他的作用仅次于班长；然后写年龄大的战士，最后写小战士。这样的顺序安排最合理。

【设计意图：六年级学生在按照一定逻辑关系进行有序表达方面需要加强训练，课文隐含的写作顺序需要指导学生揣摩。】

二、学习第二次掩护部分，体会"关键点"的表达

（一）品读词句，感受高昂斗志

1. 请同学们默读第4、5自然段，想想你从第二次掩护任务中感受到了怎样的英雄形象。细读课文，找出最能体现英雄本色的词句。

2. 生默读，思考。

3. 全班交流。

品读句子：班长马宝玉负伤了……还剩下一颗手榴弹……马宝玉抢前一步，夺过手榴弹插在腰间，猛地举起一块大石头，大声喊道："同志们！用石头砸！"

（1）马宝玉在负伤的情况下，是怎么做的？

预设：马宝玉负伤了，他忍着疼痛，奋不顾身地继续战斗，展现的是不屈不挠的抗争精神。

（2）请同学们圈画表示动作的词语，想想从中体会到了什么。

预设：抢、夺、插、举、喊，这些动词让人感觉迅猛有力，体现了马宝玉的刚毅果敢。

（二）补充资料，体会英勇战斗的力量源泉

1. 品读句子：石头像雹子一样，带着五位壮士的决心，带着中国人民的仇恨，向敌人头上砸去。

2. 理解、体会"决心""仇恨"。

3. 补充资料：日本侵略者为了消灭中国共产党领导下的抗日武装力量，

对抗日根据地进行了疯狂的扫荡。仅1943年对晋察冀边区北县区3个月的秋季大扫荡中，就残杀老百姓6000多人，烧毁房屋5万多间，抢掠焚毁粮食近3000万斤，抢夺牲畜近2万头……看到这些数据，同学们是怎样的心情？

4. 带着自己的理解和体会再读这句话。

【设计意图：补充资料，让学生了解中国人民被侵略、被奴役的历史，明白抗日战争的正义性，对于今天的学生来说非常必要。】

（三）比较第2自然段，体会"关键点"的表达

1. 这一部分是怎么运用点面结合的方法描写的？这里的点面结合的写法和第2自然段一样吗？

2. 为什么作者在这里反复地写马宝玉这个"点"呢？

预设：马宝玉刚毅果决地指挥着整场战斗，他是最突出的人物，是关键的"点"，最有代表性。

3. 点拨：今后我们写场面的时候，不需要把所有的"点"都写到，可以突出"关键点"来写。

【设计意图：了解"点面结合"的多种写法，可以逐一写每个"点"，也可以根据表达需要选取"关键点"。】

三、学习"英勇跳崖"部分，感受英雄壮举和革命气节

（一）了解绝境，体会壮举背后的英雄情怀

1. 两次掩护任务都顺利完成了，此时此刻，五位壮士面临着怎样的境地呢？请同学们联系课文第3自然段，默读思考。指名回答。

2. 此时他们做了一个惊人的决定，是什么？

3. 朗读："班长马宝玉激动地说：'同志们，我们的任务胜利完成了！'……这声音惊天动地，气壮山河！"

4. 五位壮士不得已跳下悬崖，为什么他们还那么"激动"和"喜悦"呢？

（二）随文练笔，表达敬仰之情

1. （出示课文插图）同学们，这就是狼牙山五壮士的塑像，他们视死如归，勇于献身，他们用生命和鲜血谱写了一首气壮山河的壮丽诗篇。面对这五

位壮士的塑像，你想说什么？把你最想说的话写下来。

2. 请几位同学交流写下的感受。

3. 结课：同学们，抗日战争是千千万万中国人民用鲜血和生命凝成的历史，这段历史残酷而又悲壮，我们每一个中华儿女都应该铭记历史，奋发图强！

【设计意图：革命题材的课文，是进行革命文化教育的重要载体，要重视课文的熏陶感染作用，突出情感、态度、价值观的教育。】

2015—2016年度
全国小语"十大青年名师"获得者
———李祖文

　　特级教师。广东省深圳市第四批"名教师",全国"百班千人"总导师,深圳市名教师工作室主持人。深圳市福田区小学语文首席教师,福田区小学语文特色工作室主持人,福田区未来教育名师工作室主持人,著名儿童阅读推广人。2014年第9期《小学语文教师》封面人物,2015年第9期《小学语文教学·人物》封面人物,2017年第5期《小学教学设计》封面人物,2021年第1期《教育视界》封面人物。著有《神奇的阅读教室》等。

《他们那时候多有趣啊》教学设计

◆李祖文

教学目标：

1. 阅读全文，了解课文题目中的"那时候""多有趣"指什么。
2. 阅读不同的科幻小说文本，体会科幻小说的阅读"坐标点"。
3. 与习作实践结合，初步知晓科幻小说的视角确定。

教学课时：

1课时

教学过程：

一、童诗导入，明确话语矛盾之处

1. 读童诗。

对了？ 错了？

语文对孩子感兴趣

这本书对我敬礼

凳子搬走小学生

这

正常吗？

反了！反了！

应该是

孩子对语文感兴趣

我对这本书敬礼

　　小学生搬走凳子

　　真的是这样吗？

　　哪一个对？

　　哪一个错？

2. 启发谈话。

你觉得哪一个对，哪一个错？

教学预设说明：这是一种开放式的询问，教师在与学生一起念童诗时，要注意一行一行显示，让学生有思考的时间，能够明确话语中的"矛盾"所在，为后面的教学做好铺垫。

3. 教师导语：如果我们进入下面这个场景，你会改变想法吗？

【设计意图：这是这节课的导入部分，看似是用一首童诗来活跃气氛，其实是用一首诗了解孩子的学习起点，清楚学生的思维特点。这是教学阶段的一个部分。童诗更容易唤醒孩子的已有经验，也容易调动孩子的思维。】

二、初读课文，了解"这时候"

1. 学生初读课文，思考：

将"语文对孩子感兴趣""这本书对我敬礼""凳子搬走小学生"放到这篇课文里是否合理呢？是哪一个对呢？

教学预设说明：这个部分是引导学生带着"任务驱动"去阅读课文，指向性明确，方便学生阅读。

2. 讨论。

（1）是否合适，为什么？

（2）这篇课文介绍的是什么时候的事情？与我们现在有什么不同？

（3）如果说这篇课文是科幻小说，你相信吗？为什么？

教学预设说明：注意引导学生关注"坐标点"的设置。这篇科幻小说的特点在于时间"坐标点"的确立，将时间确定为未来的某一个时间。这往往是学生容易忽略的地方，教师在教学时需要特别引导。

【设计意图："这时候"是前面童诗营造的氛围的延续，也是为下面"那时候"的学习做铺垫。这篇科幻小说颠倒了"这时候"与"那时候"。在教学的环节中，这里特意明确"这时候"到底指的是什么时候，让孩子开始转换思维。】

三、再读文章，了解"那时候"

1. 引导学生再读课文，圈画描写"那时候"特点的语句。
2. 引导学生思考："那时候"与我们现在有什么关系？
3. 讨论：作家写作有什么特别的地方？

教学预设说明：此处需要让孩子辨析——"我们现在的生活"与"那时候"对应起来，这对于学生的理解是有挑战的，是教学的难点。

【设计意图：这个部分是这篇课文学习的重点之处，但是只有一个大问题，三个小问题，这样设置是为了强化作家写作的特色，也就是凸显作品与众不同的地方。问题越少，凸显的效果就越明显。教学，就是要着力于孩子看不到或者容易忽略的地方。】

四、补充阅读，探讨"坐标点"

1. 补充阅读阿西莫夫的《不朽的诗人》。

不朽的诗人

"对，一点也不错，"菲尼亚斯·韦尔奇博士说，"我能使古代的杰出人物复活！"

他有点喝醉了，要不，他不会这么胡言乱语的。当然，在这特别的夜晚，稍微多喝点也是完全可以理解的。

斯科特·罗伯逊是大学里的英语讲师。他用手推了推眼镜，左右环顾了一下，看看是否有人能听到他们的谈话，"真的吗，韦尔奇博士？"

"当然是真的。我不仅能把他们的灵魂召回来，还能让他们的肉体也回来。"

"这简直难以置信。"罗伯逊说，装出一本正经的样子。

"怎么不可能？事情很简单，这仅仅是一个时间传输的问题。"

"你是说时间旅行？可这——呃——可不是简单的事。"

"那是因为你不懂，懂了就简单了。"

"那么，这究竟是怎么回事，韦尔奇博士？"

"怎么对你说呢？"物理学家说，神情十分严肃认真。他醉眼蒙眬，正想找点酒再喝一杯，可没找到。他接着说："我已经把好几位伟人复活了，阿基米德、牛顿、伽利略……那些家伙真可怜！"

"他们难道不喜欢我们今天的世界？我以为，他们对当今的科学一定会入迷得如痴如醉的。"罗伯逊说，他开始喜欢与物理学家谈话了。

"啊，是的，他们确实是入迷了。真的，尤其是阿基米德。我用临时突击学起来的那点希腊语，向他稍稍解释了一点当今的科学成就。开始时，他高兴得简直要发疯了，可后来，情况完全不同了。"

"出了什么问题？"

"这仅仅是我们之间的文化差异问题。他们无法适应我们今天的生活方式，感到孤独、恐惧。我只得把他们送回他们自己各自的年代去了。"

"这真太糟糕了！"

"是啊，他们都是大思想家，但看来思想还不够灵活开放，知识也不够广泛。因此，我想到了莎士比亚。"

"什么？"罗伯逊情不自禁地高喊起来，现在的谈话已接近他的本行专业了。

"别乱嚷嚷，孩子。"韦尔奇说，"你有点失态了。"

"你说你把莎士比亚给复活了？"

"是的，我需要一个知识广泛的头脑，他应该熟悉人、了解人，这样，即使相隔几个世纪，他也能与大家一起相处，莎士比亚正是这样的人。你看，我还有他本人的亲笔签名呢！"

"你有？"罗伯逊问，惊讶得连眼睛都睁大了。

"就在这儿，"韦尔奇在西装背心的几个袋里乱摸了一阵子，"啊，在这儿呢！"

他递给罗伯逊一张名片。名片的正面印着"L.克莱因分子硬件批发公司",反面有笔迹潦草的莎士比亚的签名。

罗伯逊一脸疑惑:"他人长相怎么样?"

"不像他的画像,秃头,胡子很难看,说起话来方言口音很重。当然,我尽力使他高兴。我告诉他,他的剧作我们评价极高,并且至今还一直在上演。事实上,我对他说,我们都认为,他的作品在英语文学中是最伟大的杰作之一,而且也是世界文学宝库中的杰作。"

"对,对。"罗伯逊说,激动得几乎气喘吁吁了。

"我告诉他,人们写了无数的文章和专著评论他的剧作。他当然很想看看这些评论,我就从图书馆里给他借了一本。"

"后来怎么样?"

"啊,他看得简直入迷了。当然,对当代的一些成语和17世纪以后的一些历史背景,他看不懂。但我解释给他听。啊,这可怜的家伙!我想,他从未料到人们会这样崇拜他。他嘴里不断喃喃地说:'啊!这500年中什么话不能想得出来说啊!'我想,你从一块湿抹布中也能绞出一场洪水来!"

"莎士比亚决不会说这种话的!"

"为什么不?他的剧本都写得很仓促。他说,他得在限期内交稿。他写《哈姆莱特》花了不到半年就完稿了,故事是老俗套,他只不过略加修饰而已!"

"怎么会是这样呢?仅仅是略加修饰而已!"英语讲师显得有点愤愤不平了。

物理学家不理睬他,在附近的柜子上看到了一杯没有人喝过的鸡尾酒,就侧身向柜子走去。"我告诉这位不朽的诗人,我们的大学里还专门开设了莎士比亚课程呢!"

"对,我自己也上这门课!"

"我知道。所以,我让他到你班上听课,是晚上的那个班。我从来没有看到像他那样认真的学生,他急于知道后世对他的评价。这倒霉的家伙，他听课可认真了！"

"你让他听我的莎士比亚课？"罗伯逊喃喃地说，即使这是物理学家的酒后胡话，也够他吃惊的了。可谁知道他是否真的喝醉了呢？他回忆起班上有个学生，秃头，走路样子挺古怪的……

"当然，他没有用他的真名，"韦尔奇说，"不过，用什么名字无关紧要。可是，我干了件大错特错的蠢事！这可怜的家伙！"这时，物理学家手里拿着鸡尾酒，并摇晃着脑袋。

"怎么会错了呢？究竟后来发生了什么事？"

"我不得不把他送回到1600年去了，"韦尔奇愤怒得大吼大叫了，"他怎么受得了这样大的屈辱呢！"

"你在说什么屈辱啊！"

韦尔奇博士仰头一口喝干了杯中的鸡尾酒。

"什么屈辱？你这个大傻瓜！你给他的试卷打了个不及格！"

2. 引导学生思考：同一位作家，同样都是科幻小说，两篇小说有什么不同？

五、总结梳理

1. 引导学生思考：

如果将"语文对孩子感兴趣""这本书对我敬礼""凳子搬走小学生"放到《他们那时候多有趣啊》里，你觉得应该如何放才更合理？

2. 上完这节课，你觉得你对科幻小说了解了多少？

【设计意图：拓展与总结梳理阶段是要加深学生对于科幻小说的理解，希望学生看到另一种思维方式。最后的问题照应开头的童诗，这样的设置就更加完整。课堂上教学的每一个部分都需要与学生的学习结合起来，从这个角度来看，开头的童诗就成了习作环节的有机组成元素。简单而不复杂的教学往往是要将每一个部分都链接起来。】